雑草と日本人

植物・農・自然から見た日本文化

稲垣栄洋

JN131400

草思社文庫

58

第二章

農と自然が育んだ日本人気質

世界の農地荒廃と日本の田んぼのすごさ

肉食と捕鯨に見る、日本と西洋の自然観の違い/
すべてのものに仏性を見る日本人/
日本人の植物供養と精進料理/
仏教者の罪滅ぼしとしての「肉食禁止」/
仏教が説く動物と草木の違い/
インド・中国における植物観/
日本で受け入れられた「草木国土悉皆成仏」という思想/
庶民までが肉食禁止を受け入れた国、日本/
日本の針供養と人形供養

整然としたヨーロッパの風景、雑多な日本の風景/
日本とヨーロッパの土地の生産力の違い/
江戸の大人口を支えた「土地力」/
日本の農業の面積あたりの食料生産力は世界一/
日本の食料自給率が低いと言われる理由

衣類も住まいもエネルギーも植物から作る日本／
じつは輸入に依存している西洋の農業国／
世界で急速に進む農地の土壌浸食／
農業が招く塩類集積と水不足／砂漠化しない日本の農地／
毎年イネを作れる奇跡／
世界の食糧不足に貢献できていない日本の農業／
水田は日本人の知恵の結晶／
雑草が日本の水田稲作を発展させた

日本と西洋の「植物分類学」の違い───

173

第三章

雑草の
ように、
しなやかに

プロローグ

私は「雑草学」を専門にしている。

そう言うと、「雑草学なんてあるんですか」「ずいぶんと変わった研究をされ
ているんですね」などと言われることが多い。

農業生産を行う上で深刻な問題となるのが、害虫、植物病害、雑草の三つで
ある。日本には日本雑草学会という研究者の集まりがあって、一〇〇〇人以上
の研究者が所属しているし、世界の国々にも雑草学会があって、世界中の研究
者が日夜、雑草の研究に取り組んでいるのである。

ところが、害虫や植物病害の研究をしていると「役に立つ研究ですね」と言
われるのに、どういうわけか雑草だけは「変わった研究ですね」と言われてし
まうのである。

どうしてだろうか。

日本には「雑草魂」という言葉がある。また、「雑草は、踏まれてもくじけない」という生き方の見本にされることも多い。そのためだろうか。おそらく多くの人たちは「雑草学」という言葉を聞いたときに道ばたで踏まれながら頑張っている雑草を思い描いてしまう。そして、そんな雑草を研究しているなんて、ずいぶんと変わった人だと思ってしまうのである。

しかし、「雑草」という言葉にこのような反応をするのは、私が知る限りでは日本人だけである。

雑草は農業を行う上で深刻な課題である。そのため、海外で「雑草学の研究をしている」と言えば、害虫や植物病理と同じように農業にとって役に立つ研究だと受け入れられる。

「日本人は雑草が好きな国民である」

誤解を恐れずに言えば、私はそう思う。

海外の国々では、雑草は邪魔者である。

　もちろん、日本でも雑草は邪魔者である。しかし、「雑草魂」のように、日本語では雑草を良い意味に使うのである。

　小学校の卒業の寄せ書きには、必ずと言っていいほど「雑草のように」と書く生徒がいるという。あるいは、無名の努力家や苦労人たちは「雑草のごとくたくましく」と称えられる。日本では、「雑草のようなたくましさ」は良い意味で使われる。

　「あなたは雑草のような人ですね」と言われると、どこかほめられたような気になる。もちろん、「雑草」と言われて嫌な思いをする人もいるだろうが、「あなたは温室育ちの人ですね」と言われるよりも、雑草と言われたい人のほうが多いだろう。　温室育ちの作物は、とても良い環境で大切に育てられたエリートの植物である。しかし、日本人はエリートであるよりも雑草であることを好むのである。

　「雑草」がほめ言葉に使われたり、「雑草」と呼ばれて喜んだりするのは、私が知る限り日本人くらいのものだろう。

　たとえば、英語の「ウィード（雑草）」という言葉には良い意味はない。英語

には「雑草は死なない（Weeds never die）」や「悪い雑草はすぐ伸びる（Ⅲ weeds grow apace.）」ということわざがあるが、これは「憎まれっ子世にはばかる」（人に憎まれるような人が、かえって世間では幅をきかせる）という意味である。

欧米人に「あなたは雑草のような人だ」と面と向かって言ったとしたら、間違いなく怒られることだろう。

そんな話を聞くと、欧米の雑草は生育が旺盛で、日本の雑草よりもやっかいな存在なのではないかと思う人がいるかもしれない。しかし、実際は逆である。

日本では、草取りをサボれば、あっという間に雑草だらけになってしまう。

日本の雑草は世界に比べてもずっとやっかいな存在なのだ。

それなのに、どうして日本人は雑草に愛着を持っているのか。

これが本書の大きなテーマである。

「雑草」という言葉に対する日本と西洋（欧米）の考え方は、ずいぶんと異なる。

日本は、西洋と比較されることが多い。西洋の文化や考え方は日本とはずいぶん異なる。正反対と思えることも多い。ゆえに西洋と比べることによって日

本の特徴がより際立つのであろう。

もちろん、ヨーロッパと一口にいっても、地中海に面した南ヨーロッパと冷涼な北ヨーロッパでは気候や風土はずいぶん異なるし、西洋の中にもさまざまな国がある。また、「欧米」と一括り（ひとくく）にするが、ヨーロッパとアメリカでは気質はずいぶん違う。

アジアといっても、東南アジアや南アジアまで広大であるし、東アジアの日本と中国、韓国を比較しても、さまざまである。

しかし、「日本」という国の特徴を明らかにする上では、ユーラシア大陸の反対側で発達を遂げて、キリスト教という基層の上に成立してきたヨーロッパと比較することは、非常にわかりやすい。また、グローバル化が叫ばれているが、グローバル化とは、欧米の文化やルールを取り入れる欧米化であることが多い。そのため、世界と日本を比べる場合には、やはり西洋（欧米）との比較という観点がわかりやすい。

そのため、本書でも西洋（欧米）という大きな括りと、日本との比較をしていきたいと思う。

どうして日本人は雑草を愛するのだろうか。そして、雑草を愛する日本人とは、いったいどのような国民なのだろうか。

雑草や農業、自然といった視点から日本人を見てみることにしよう。

第一章

植物にも仏性を感じてきた日本人

西洋と日本で
これほど違う「雑草観」

日本の雑草は手ごわい

世界の人々は雑草を毛嫌いしている。

これに対して、日本では「雑草魂」などといって、雑草に対してある種の憧れを抱いている。こう考えると、世界の雑草は日本の雑草よりもやっかいな存在なのではないか。日本の雑草は小さくか弱いのではないか。そう考えるかもしれない。

しかし、実際にはそうではない。むしろ、逆である。日本の雑草は世界の雑

草と比べても、相当にやっかいなのである。

日本の気候は、降水量が多く高温多湿であることが特徴である。

この気温が高く湿度が高い気候は、雑草の成長には最適な環境である。日本では、雑草を数か月も放っておけば草ぼうぼうになって、荒れ果てた感じになってしまう。

しかし、たとえばヨーロッパでは、少しばかり放置しておいても雑草は伸びてこない。雑草が生えている場所であっても、ヨーロッパでは牧草地が広がっているから、遠目には草地と見分けがつかないくらいだ。

日本の雑草は、抜いても抜いても生えてきて、少しでも手を抜けば生い茂ってしまう。相当に手ごわいのである。

「ヨーロッパには雑草はない」

和辻哲郎（わつじてつろう）の著書『風土』の中に「ヨーロッパには雑草はない」という言葉が出てくる。

　「雑草はない」と言い切ると、ずいぶんと乱暴な感じもする。

　もちろん、彼がヨーロッパを知らなかったわけではない。それどころか、彼はヨーロッパ留学中に丹念に自然や風土を観察した。その結果たどりついた答えが「ヨーロッパには雑草はない」だったのである。

　私もまったく同感である。

　日本では農業を止めてしまった耕作放棄地が問題になっている。耕作放棄地は、遠目に見ても一目でわかる。美しく管理された田んぼや畑の中で、耕作放棄地は雑草が伸び放題になっている。数年も放っておけば、背丈を超えるような大きな雑草が生い茂り、やがては藪になってしまうのである。美観を損なうばかりか、害虫の発生源にもなる。最近では、雑草の生い茂った草むらはイノシシなどの野生動物の生息地にもなっているという。「田畑が荒れている」ことは、雑草が生えることによって目に見えてわかるのである。

　だが、ヨーロッパでは違う。耕作放棄地というと、日本の農業だけの問題に思われるかもしれないが、ヨーロッパにも耕作放棄地はある。

っているのである。

農業の経営規模を拡大していく中で、小さな畑は放置されて耕作放棄地となっているのである。

ところがヨーロッパでは、何年も耕作放棄された地でも、管理されている草地と見分けがつかないくらい雑草が少ないのである。もちろん、雑草がないという言い方は正確ではない。ヨーロッパにも雑草はあるし、雑草防除も行われている。ただし、「Weedy（雑草のよう）」という英語には、「ひょろひょろしてひ弱そうな」という「もやしっ子」のような意味もある。

日本のようにあっという間に草ぼうぼうになるような雑草は、ヨーロッパにはないのである。

「芝生に入るな」の背景

日本の公園のきれいな芝生には、必ずと言っていいほど「芝生に入るな」と書かれた看板がある。

しかし本来、芝生は入るための場所である。

欧米の公園では芝生に座ってラ

ンチを食べたり、寝そべったりしている人の姿が見られる。これが本来の芝生の使い方である。それなのに、日本ではそれが許されないのである。

ただ、それも無理のない話ではある。高温多湿な日本は、もともと芝生が生えるのに適した気候ではない。それを無理やり生やしているのだから、養生しておかないと芝生が傷んでしまうのだ。

冷涼なヨーロッパでは、芝生のようにイネ科の植物が生えた草はらが、もともとの植生である。そんなイネ科の牧草を利用して牧場が拓かれている。

ゴルフやサッカー、クリケット、ホッケー、ポロなど、ヨーロッパ発祥のスポーツは、きれいな芝生のグラウンドで行われるが、これらも、もともとは自然にあった草はらで行われていたものだ。

ゴルフ発祥の地であるスコットランドのセント・アンドリューズは、歴史を重んじて、できるだけ人の手を加えない、あるがままの自然に近い状態でゴルフが行われるのが特徴である。しかし、あるがままの自然といっても、放っておいてもゴルフができるような草はらになる。これがヨーロッパの自然である。

英語では、雑草はウィードと呼び、このような草はらに生える植物はメドウ

と呼ぶ。つまり、ヨーロッパではメドウは多いけれど、ウィードと呼ばれる雑草は少ないのだ。

もちろん、日本では、こんなのんきなことは言っていられない。放っておけば、すぐに雑草が生い茂ってしまう。ゴルフ場やサッカー場も草取りにかけるコストは相当なものだ。

ヨーロッパでは、雑草は農業をやるときに困るくらいのものだ。ところが日本では、家の庭から、道ばたから、空き地から、あらゆるところで草取りをしなければならない。

日本は雑草と戦い続けなければならない国なのである。

雑草を育む日本の気候と水資源

日本では、無駄遣いすることを「湯水のごとく使う」という。

日本には水が大量にある。タダ同然だ。もちろん、日本にも日照りや水不足はあるが、世界と比べれば比ではないだろう。世界では、食器を洗うのに水で

はなく、砂を使う地域も少なくない。日本は水資源に恵まれているのである。豊富な水をもたらしてくれるのが、雨だ。日本は雨の多い国である。

日本の降水量は年平均で一七〇〇ミリ。これは世界の平均降水量の約二倍である。

日本にも水不足はないわけではないが、世界には乾燥地帯や砂漠地帯が多い中で、日本は水資源に恵まれた国なのである。

日本は、モンスーンアジアという気候帯に分布している。モンスーンというのは季節風のことである。アジアの南のインド、東南アジアや中国南部から日本にかけては、モンスーンの影響を受けて、雨が多く降る。この地域をモンスーンアジアと呼んでいるのである。

五月ごろにアジア大陸が温められて低気圧が発生すると、インド洋の上空の高気圧から大陸に向かって風が吹きつける。これがモンスーンである。モンスーンは、大陸のヒマラヤ山脈にぶつかると東に進路を変えていく。この湿ったモンスーンが雨を降らせていくのである。

そのためアジア各地はこの時期に雨季となり、日本列島では梅雨になるので

ある。

こうして作られた高温多湿な夏の気候は、植物の成長に適している。また、豊富な水を使った稲作も行われる。高温多湿な気候は雑草にとっても好都合である。そのため日本では雑草がよく伸びるのである。そして、冬になれば、大陸から北西の風が吹きつける。大陸から吹いてきた風は日本列島の山脈にぶつかって雲となり、日本海側に大量の雪を降らせる。大雪は、植物の生育に適していているとは言えないが、春になれば雪解け水が川となり、潤沢な水で大地を潤す。

このように日本は世界でも稀な水の豊かな国土を有しているのである。

草取りという宿命

筆者がサラリーマンをしていたころ、「そんなことをしている暇があったら、草取りでもしていろ」と怒られたことがある。

もちろん、それは皮肉だったろうが、日本では草取りが大切な作業である。

「ヨーロッパには雑草はない」と言った先述の和辻哲郎は、「日本の農業労働の中核をなすものは『草取り』である」と指摘している。

日本の農業において、草取りは多大な時間を費やす作業である。今でも農家のみなさんは、時間さえあれば草取りをしたり、畔（あぜ）の草刈りをしたりする。田んぼばかりか家の周囲や庭を草のない状態に保っていることが美徳であり、雑草が生えた状態になっていると、まるで怠け者であるかのように思われてしまう。

ハルジオンという雑草は、別名で「貧乏草」と呼ばれている。この雑草は放っておくとすぐに生えてくる。そしてハルジオンが生えた様子が落ちぶれた家のように見えることから、貧乏草と名付けられているのである。

また、「ぺんぺん草が生える」という表現もある。ぺんぺん草はナズナという雑草の別名だ。荒れ果てた土地にはぺんぺん草が生える。その様子を表現しているのである。

働き者の家には雑草がない。一方、手を抜けばとたんに雑草が生えて、その様子は落ちぶれていたり、貧乏であると見られてしまう。だからこそ日本では、

隣近所の目を気にしながら、競い合って草取りや草刈りに励まなければならないのである。

「小僧泣かせ」「小僧殺し」という名の雑草

冥土の賽の河原では、亡くなった子どもたちが父母の供養のために泣きながら石を積み上げて塔を作ろうとするが、絶えず鬼に塔を崩されてしまう。それでも子どもたちは泣きながら、何度も何度も石を積み上げていくのである。

日本では、雑草は抜いても抜いても生えてくる。それがわかっていても、雑草を抜き続けなければならない。

日本の草取りは、まさに賽の河原の子どもたちの苦行のように、つらく、悲しい。

それにしても、日本人の草取りに対する執念は狂信的である。雑草がない状態にするのがこんなに難しい環境にあるのに、草がない状態を美徳としているのである。

日本では「小僧泣かせ」と呼ばれる雑草がある。ツメクサやカタバミ、コニシキソウなどは、小さな雑草で草むしりが大変である。抜いても抜いても、抜ききることができない。つらい草むしりで小僧さんがいつも泣かされていたことから、「小僧泣かせ」と呼ばれているのである。

さらには、「小僧殺し」と呼ばれる雑草もある。ジシバリと呼ばれる雑草はタンポポによく似た花を咲かせる雑草だが、繁殖力が旺盛で、とても抜ききることはできない。そして、ついには過酷な草むしりのために小僧さんを殺してしまうというのである。

何という恐ろしい雑草だろう。

しかし、小僧泣かせや小僧殺しと呼ばれているのは、とても小さくかわいらしい雑草である。この小さな雑草をきれいに抜こうと思えば、確かに大変だが、たとえ抜かなくても何の支障もないようなものである。

そんな小さな雑草もきれいに抜かなければならないほど、日本人は草取りをすることに重きを置いていたのである。

上農は草を見ずして草を取る

日本には「上農は草を見ずして草を取る」という言葉がある。優れた農家は、雑草が生えてくるより前に草を取るというのである。もちろん、実際に草が生えてくる前に草を取ることはできないが、それくらい頻繁に草取りをしたいうことなのだ。

この言葉の後には、「中農は草を見て草を取る、下農は草を見て草を取らず」と続く。中農、つまり普通の農家は雑草が生えてきたのを見て草を取る、そして、下農のダメな農家は雑草を見ても草取りをしないというのである。

草取りとは何と神経を使う作業なのだろう。

この言葉は、もともとは中国の言葉で、「先を見て計画的に考えて行えば、効率よく農作業ができる」という教えであったと言われている。しかし、草取りを主な作業とする日本の農業にとって、「草が生える前に草を取る」ということは、日本人が受け入れやすい考え方であった。そして、勤勉な日本人たち

は、この教えに従ってひたすら草取りをしていたのである。

日本では、雑草が生えていない状態が「きれい」と言われる。

日本では雑草が生えないように常に草取りをすることが勤勉の証なのである。

西洋人が見た江戸・明治時代の日本の畑

先述の哲学者、和辻哲郎はヨーロッパを留学中に、「ヨーロッパには雑草はない」と驚いた。しかし、一方で、江戸時代から明治時代にかけて日本を訪れたヨーロッパの人々は、「日本には雑草はない」と驚いたという。

江戸後期に日本を訪れた植物学者のツンベリーは、「耕地には一本の雑草すら見つけることができなかった」と驚愕している。また、明治初期に日本を旅し、その様子を世界に紹介したイザベラ・バードは、「草ぼうぼうの怠け者の畑は日本には存在しない」と手入れの行き届いた日本の畑に驚嘆した。

つまり、和辻哲郎が述べた「雑草はない」は、「抜いても抜いても生えてくるような雑草はヨーロッパにはない」という意味であり、ヨーロッパの人々の

述べた「雑草はない」は、「日本ではきれいに草取りがされている」ことへの驚きだったのである。

取っても取っても雑草の生えてくる場所で雑草がないようにするのは、不可能に近いことだし、それを求められるのはとても不合理に思える。

それなのにどうして、日本のように雑草がやっかいな場所で、きれいに雑草を取ることを美徳とするような価値観が育まれたのだろう。そして、ヨーロッパの人々が「雑草がない」と驚嘆するような美しい田畑がどのようにして維持されてきたのだろう。それは日本の農業が集約農業であることが深く関係している。

草取りにこだわる日本人の謎をひもとくために、日本の農業の特徴と歴史を見ていくことにしよう。

イネ科植物の進化と文明

狩猟民族だった日本人

日本人の性格を語るときに、日本人は農耕民族であり西洋人は狩猟民族であると、しばしば特徴づけられて比較される。

だから土地を耕し続けた日本人は勤勉で内向的であるのに対して、獲物を求めて狩りに出かけた西洋人は行動的で外向的であるというのである。

確かに日本人と西洋人の特徴をよく表しているようにも思えるが、考えてみれば、日本人も縄文時代以前は狩猟採集の生活を行ってきたし、西洋人も古く

からムギやブドウを栽培してきた。

そもそも、農業が世界で最初に始まったのは、メソポタミアである。のちにこの土地には西洋文明の起源であるメソポタミア文明が発達する。つまりは西洋文明発祥の地となるのである。そう考えれば、西洋人こそ先進的な農耕民族と言ってもいいかもしれない。そして、メソポタミア文明で農耕が始まったおよそ一万年前、日本は旧石器時代から縄文時代に差しかかるころである。日本人こそ、魚を獲り、ナウマンゾウを追いかける狩猟民族だったのである。

それなのに、どうして日本人は農耕民族と言われる国民性を持つようになったのだろうか。時代を一万年前にさかのぼり、農業の曙とその歴史をたどってみることにしよう。

農業はどのような場所で発達するか

農業の起源に思いを馳せてみたとき、農業はどのような場所で発展を遂げた

と考えられるだろうか。

自然が豊かな場所で発展するだろうか、それとも自然の貧しいところで発展するだろうか。

自然に恵まれた場所のほうが農業は発達しやすいと思うかもしれない。しかし、実際にはそうではない。自然が豊かな場所では、農業が発達しなくても十分に生きていくことができる。たとえば、森の果実や海の魚が豊富な南の島であれば、厳しい労働をしなくても食べていくことができる。

こんな笑い話がある。

南の島で人々はのんびりと暮らしている。外国からやってきたビジネスマンがそれを見て、どうしてもっと魚を獲って稼がないんだと尋ねる。逆にそんなに稼いでどうするんだと問う住民に、ビジネスマンはこう答える。「南の島で、のんびり暮らすよ」。それを聞いた島の人々はこう言うのだ。「それなら、もうとっくにやっている」

農業というのは重労働である。農業をしなくても暮らせるのであれば、そのほうがよいに決まっている。そのため、自然が豊かな場所では農業は発展しに

くいのだ。

しかし、自然の貧しいところでは違う。

農業は重労働ではあるが、農業を行うことで食べ物のない場所に食べ物を作ることができる。食べ物が得られるのであれば、労働は苦ではない。農業による費用対効果は、自然の貧しいところでは劇的に増加するのだ。

砂漠に食糧はない。砂漠に水路を敷き、種子を蒔いて育てれば、革命的に食糧を得ることができる。

農業なしには食べていくことができない。しかし、重労働と引き換えとはいえ、農業をすれば食べていくことができる。農業は貧しい地域でやむにやまれず始まったのである。

農業発祥の地で最初に発達したのは「牧畜」

農業はどのようにして始まったのだろうか。

人類の進化は謎に包まれているが、人類は草地で進化をしたと推測されてい

人類の起源はアフリカ東部とされている。

地殻変動によってアフリカ大陸が東西に分裂し、大地溝帯と呼ばれる巨大な谷ができると、湿った赤道西風が大地溝帯で遮られるようになった。そして、赤道西風が届かなくなった大地溝帯の東側では乾燥が進み、豊かな森林が草原へと変化したのである。こうした草原で、森の類人猿であった私たちの祖先は人類へと進化していったと考えられている。

草原は食べ物が少ない。こんな厳しい環境で人類は進化を遂げていったのである。

森を出た人類は、逆境を乗り越え、さまざまな環境へと広がっていった。二万年前から一万年前ごろになると、地球の気候が変化し、乾燥化や寒冷化が進むと、各地に分散していた人々は生活環境の良い場所を求めて川の周りに集まってきた。

そこで、多くの人々が生き抜くための術を身につけたのである。それが「農業」である。

農業の発祥地であるメソポタミアで最初に発達したのは、家畜を飼養する牧畜であった。

狩りの対象であったウシやヤギなどの草食動物を飼うことができれば、いつでも肉を手に入れることができる。また、生かして乳を搾れば、栄養を摂ることができるのである。

現在でも西洋では畜産が盛んである。

しかし、私たちの食糧である穀物、豆類、野菜は、すべて植物である。動物を食べなくても、植物を食べればよさそうなものである。じつは、草原では人類は植物を食べることができなかった。

それは、草原に生える植物の多くがイネ科植物だったからである。

このイネ科植物をいかにして人類の食糧にするのか、これが人類にとっては非常に重要な命題であった。

それにしても、人類の運命を左右したイネ科植物とは、いったいどのような植物なのだろうか。まずは、イネ科植物の進化にさかのぼってみることにしよう。

イネ科植物の草原での進化——葉を硬くし、栄養価を下げる

今から一〇〇〇万年前のことである。

地殻変動が活発になると山や谷などさまざまな地形が生まれ、それまで安定していた気候も変動するようになった。そして、乾燥した大地も広がるようになったのである。

そんな乾燥地帯で進化したのがイネ科植物である。イネ科植物はユリ科植物から進化したとされている。

植物は、もともと風で花粉を運ぶ風媒花（ふうばいか）から、効率よく昆虫に花粉を運ばせる虫媒花（ちゅうばいか）として進化した。ユリ科の植物は、昆虫を呼び寄せるために美しい花を咲かせる。しかし、乾燥した大地では花粉を運ぶ昆虫は少ない。そのためイネ科植物は風媒花として再び進化を遂げたのである。草原は、昆虫は少なくても風通しがよく、風が吹き抜けていく。昆虫に花粉を運ばせるよりも、風で一気に花粉を運ぶほうが効率的なのである。

現在でも、イネ科植物の中に花粉症の原因植物となっているものがあるのは、イネ科植物が風媒花だからである。

イネ科植物は草原で劇的な進化を遂げた。

深い森と異なり、植物が少なく、開けた草原では、草食動物は少ない植物を求めて餌にする。すると、植物は草食動物に食べられ放題になってしまうのである。

そこでイネ科植物は、茎や葉をケイ酸で固く守り、動物に食べられにくくしたのである。ケイ酸はガラスの原料にもなるような硬い物質である。

さらに、イネ科植物は葉の栄養価を低くして、餌として魅力のないものにした。

食害を防ぐのであれば、毒となる物質を作ればよいのではないかと思うかもしれない。実際に、そうやって身を守る有毒植物もある。しかし、毒成分を作り出すにはそれなりに栄養分がいる。栄養分の少ないやせた草原で毒成分を生産するのは簡単ではない。

また、毒に対して生物は抵抗性を発達させるので、毒で守ってもいずれそれ

を解毒する能力のある生物に食べられてしまう。

そこで、栄養価の少ない厳しい環境を逆手に取り、さらに栄養の少ない葉を作り出したのである。

イネ科植物の草原での進化──「成長点」を低くし、茎を増やす

イネ科植物の工夫はこれにとどまらない。イネ科植物は、さらに革命的な進化を遂げたのだ。

一般の植物は、成長点が茎の先端にある。ところが、このやり方では茎の先端を食べられると大切な成長点を失ってしまうことになる。

そこでイネ科植物は、成長点を低くする適応を遂げた。イネ科植物の成長点があるのは、地面の際である。そしてイネ科植物は、茎を伸ばすことなく、株元に成長点を保ちながら、そこから上へ上へと葉を押し上げるのである。これならば、葉っぱの先端を食べられるだけで、成長点が傷つくことはない。

ただし、この成長方法には重大な問題がある。

上へ上へと積み上げていく方法であれば、細胞分裂をしながら自由に枝を増やして葉を茂らせることができる。しかし、作り上げた葉を下から上へと押し上げていく方法では、後から葉の数を増やすことができないのだ。

そこで、イネ科植物は株元で茎を増やしながら、葉を押し上げる成長点の数を増やしていく方法を編み出した。これが「分げつ」と呼ばれるものである。

こうしてイネ科植物は地面の際から葉がたくさん出たような株を作るのである。

このようにしてイネ科植物は硬くて栄養価のない葉や低い成長点を発達させた。しかし、草食動物の祖先は、栄養価の少ない葉を体内で発酵させて栄養価を得るように進化を遂げていく。草原ではイネ科植物と草食動物の共進化が起こっていくのである。

イネ科の種子が人類を救った

草食動物はイネ科植物を餌にするように進化を遂げたものの、硬くて栄養価の低いイネ科植物は、人類にとっては食糧にできない役に立たない植物であった。人類は火を使うことはできるが、何しろイネ科植物の葉は硬くて、煮ても焼いても食べることができないのだ。

しかし、どうだろう。

現在、イネやコムギ、トウモロコシなど、人間の主要な食糧となっているのは、イネ科植物である。

イネ科植物は茎や葉は硬くて栄養がないので食べられないが、種子は栄養豊富なのである。

イネ科植物の種子は主に炭水化物を蓄積している。この炭水化物は種子が発芽をするためのエネルギーを生み出す栄養分である。

種子の中には、炭水化物以外にもたんぱく質や脂質を栄養源として持つもの

り上げたのである。

をそのままエネルギー源として成長するというシンプルなライフスタイルを作

ばすぐに得ることができる炭水化物をそのまま種子に蓄え、芽生えは炭水化物

厳しい草原に生きるイネやムギにそんな余裕はない。そのため光合成をすれ

脂質を種子に持たせるためには、親の植物に余裕がないとダメなのだ。

に、脂質を作り出すときにはエネルギーを必要とする。つまり、たんぱく質や

植物にとっても重要な食物である。また、脂質はエネルギー量が大きい代わり

たんぱく質は植物の体を作る基本的な物質だから、種子だけではなく、親の

なのである。それはなぜだろう。

ところがイネ科の種子は、たんぱく質や脂質が少なく、ほとんどが炭水化物

は小さい種子に発芽のエネルギーを蓄えているのである。

るトウモロコシは成長量が大きいし、同じように油を搾るゴマやナタネの種子

ルギーを生み出すという特徴がある。脂質をたくさん含みコーン油の原料とな

同じように発芽のためのエネルギーであるが、炭水化物に比べると莫大なエネ

がある。たんぱく質は植物の体を作るための栄養分である。脂質は炭水化物と

それに、草原では、大型の植物と競争して伸びる必要もないし、むしろ大きくなれば草食動物の餌食（えじき）になるだけである。そのため種子にたんぱく質やエネルギー量の大きい脂質を蓄える必要もなかったのである。

こうしてイネ科植物は種子に炭水化物を蓄えるようになった。この炭水化物こそが人類にとって重要な食糧となったのである。

「種子が熟しても落ちない」という大発見

しかし、である。

人類がイネ科植物の種子を簡単に食糧にできたかといえば、そんなことはない。

イネ科植物の種子を食糧とするのは簡単ではない。

何しろ植物の種子は小さい。植物の種子を何万粒、何十万粒と集めるのは簡単なことではないのだ。

コムギの祖先種と呼ばれるのが「ヒトツブコムギ」という植物である。

野生のムギと、栽培されているムギを比べた場合、人間にとって、もっとも重要な性質は何だろうか。

それは、味や収量ではない。種子が落ちないということである。

野生の植物は、子孫を残すために種子をばらまく。しかし、土の中にばらまかれた種子を拾い集めるのは大変である。だから収穫して種子を集めることができるのである。

種子が落ちる性質を「脱粒性」という。自分の力で種子を散布する野生植物にとって、脱粒性はとても大切な性質である。しかし、わずかな確率で種子の落ちない「非脱粒性」という性質を持つ突然変異が起こることがある。種子が熟しても地面に落ちないと、自然界では子孫を残すことができない。「非脱粒性」という性質は植物にとって致命的な欠陥なのである。

ところが、この性質は人類にとっては、ものすごく価値あるものである。また、その種子を蒔いて育てれば、種子の落ちない性質のムギを増やしていくことができるのである。種子がそのまま残っていれば、収穫して食糧にできる。

そしてあるとき、私たちの祖先は、この突然変異の株を見出したのである。種子の落ちない非脱粒性の突然変異の発見。これこそが人類の農業の始まりである。これは人類の歴史にとって革命的な出来事だったと言っていいだろう。

こうして人類はイネ科植物を得ることによって、農耕を発達させ、ついには文明を発達させていくのである。不思議なことに、文明の発祥地には必ず重要な栽培植物がある。

たとえば、エジプト文明やメソポタミア文明の発祥地はムギ類の起源地でもある。インダス文明の発祥地はイネの起源地である。また、中国文明の発祥地はダイズの起源地である。中米のマヤ文明やアステカ文明にはトウモロコシがあるし、南米のインカ文明にはジャガイモがある。

栽培植物があったから文明が発達したのか、文明が発達したから栽培植物が生まれたのかは定かではないが、文明の発達は作物の発達と無関係ではなかったのである。

種子という「富」の誕生

　農業が生み出すのは、単に食糧だけではない。種子は食べるだけでなく、保存をしておけば翌年の農業の素となる。この保存できる種子は人類にさらなるものをもたらした。

　「富」である。

　人間の胃袋は大きさが決まっているから、一人が食べられる量には限度がある。大食漢の人も小食の人もいるだろうが、人間一人が食べる量に、そんなに差があるわけではない。どんなに欲深い人も、お腹いっぱいになれば、それ以上は食べることができないのである。

　一人で大きな獲物を手に入れたとしても、とても食べ切れるものではない。欲張って独り占めしようとしても、腐らせてしまうだけである。それならば、たくさん獲れたときには人に分け与え、他人がたくさん獲ったときには分けてもらったほうがいい。冷蔵庫のない大昔は、食糧は保存できな

いのだから、みんなで分かち合ったほうがいいし、そのほうが安定的に食べていくことができるのである。

どんなに強い人も、どんなに偉い人も、胃袋の大きさは同じであり、食べることのできる量は同じである。食糧の前では人々は平等なのだ。

しかし、植物の種子は取っておくことができる。

植物の種子は、生育が良い条件になるまで植物が時期を待つためのものである。つまりは、タイムカプセルのようなものだ。だから、植物の種子はすぐには腐らない。ずっと眠り続けたまま、腐ることなく生き続ける。それが種子である。

この種子の特徴は、人間にとっても都合がよい。

植物の種子は、そのときに食べなくても、将来の収穫を約束してくれるものである。保存できるものだから、たくさん持っていても困るものではない。

保存できるということは、分け与えることもできる。つまり、種子は単なる食糧にとどまらない。それは、財産であり、分配できる富でもあるのである。

農業という麻薬

　種子という保存食を得て、農業は貧しい地域で発達した。しかし、それは富や権力をもたらす。こうして農業を行うことによって、人類はそれまでにない強大な力を持つようになる。

　胃袋に入る量には限界があるが、農業によって得られる富と権力には歯止めがない。

　農業をすればするほど、人々は富を得て、力を増していった。そして、富を得れば得るほど、人々はさらに富を求めて、農業を行っていった。

　動物学者のコリン・タッジは『農業は人類の原罪である』（竹内久美子訳、新潮社）という著書の中でこう述べている（以下、要約）。

　「農業は、環境を操作し、作り出される食物の量を増やす。人口の増加に、より拍車がかかる。農業は、労力をかければそれだけの見返りがあるので、これらの過程はいよいよもって加速されていく。農業はあまり楽しくないものかも

しれないが、ひとたび規模が拡大すると、もう後戻りはできなくなる。農業によって環境を破壊し、多くの大型動物を絶滅に追いやった。我々は農業という罪を負うことで成立した。しかし、いったん始めたらやめようがないのも農業のやっかいな点。その意味で我々は未来永劫にわたり、原罪から逃れることができないだろう……」

農業は、このような麻薬である。

こうなるともう、後戻りはできない。

農業は多大な労力を必要とする。しかし、一度、農業を知ってしまった人類に、農業をやめるという選択肢はない。もはや誰も止めることができないのだ。

こうして、農業によって人類は人口を増やし、権力が集まった村を作り出し、村を集めて強大な国を作るようになる。

農業の魔力によって、人類は人類となっていくのである。

古代の東日本に稲作が広まらなかった理由

ついに、と言うべきか。やがて辺境の国である日本にも農業がもたらされることになる。

日本に農業がもたらされたのは縄文時代のことである。もっとも、当時は狩猟採集を基礎としており、小規模な作物栽培を行ったり、サトイモなどを植えて、放っておく半栽培が行われるくらいで、およそ農業と呼べるものではなかった。やがて、縄文時代中期になると、焼き畑などの原始的な農業が行われるようになった。本格的な農業と呼べるものは、縄文時代後期から弥生時代にかけて稲作が日本に伝来してからのことである。

狩猟採集に頼っていた旧石器時代は貧しい時代であり、農業が定着した弥生時代は豊かな時代であるというイメージがある。しかし、実際にはそうではない。

農業は食糧を得るために多大な労力を必要とする。

狩猟採集で労なく食糧を得ることができるのであれば、わざわざ苦労をして農業などする必要はなかったのだ。そのため、日本に農業が伝わってからも、日本に住んでいるすべての人々がすぐに喜んで農業を始めたわけではなかった。

本格的な農業である稲作が大陸から九州北部に伝えられたのは、縄文時代後期のことである。その後、稲作は急速に広がり、わずか半世紀の間に東海地方の西部にまで伝わったとされている。しかし、そこから東側にはなかなか広がっていかなかったのである。

なぜか。

縄文時代中期の一〇〇平方キロメートルの人口密度は、西日本ではわずか一〇人未満であったのに対して、東日本では一〇〇〜三〇〇人ほどであったと推計されている。今より温暖で豊かな落葉樹林が広がる東日本は、大勢の人口を養うのに十分な食糧があったのである。人口を支える食糧が不足する西日本では稲作は急速に広がったが、十分な食糧がある地域では労働を伴う農業は受け入れられなかったのだ。

農業の技術が軍事力を生む

農業は重労働を伴うため、日本でも自然の豊かな地域では農業はすぐには広まらなかったが、縄文時代から弥生時代にかけて、ゆっくりと時間をかけながら、しかし確実に農業は広まっていった。

どうして食糧の豊かな地域でも農業を受け入れたのだろうか。

農業によって人々が得たものは、単に食糧だけではなかった。

狩猟民族の世界では貧富の差は起こりにくい。獲物を大量に獲っても、一人が食べることのできる量は決まっている。食べきれない分は仲間と分配するしかない。しかし、農業によって得られる穀物は貯蔵できる。貯蔵できる食糧は「富」となる。こうして富を持つ人が現れ、貧富の差が広がっていくのである。

富を持つ人は権力を持ち、人々を集め、国力を高めていく。

また、農業を行うためには、灌漑（かんがい）（人工的に水を引き入れて田畑を潤すこと）の技術や、さまざまな農具が必要である。そのため多様な技術が発展をしたので

ある。これらの技術は砦や武器を作る技術にもなる。お腹いっぱいになれば満たされる食糧と異なり、「富」は、蓄積することもできれば、奪うこともできる。攻めては富を得ることもできるし、攻められれば富を奪われることもある。こうして、農業を行う人々は競い合って技術を発展させ、強い国作りを行っていったのである。

農業は「富」を生み出し、強い「国」を生み出した。そして、技術に優れた農耕民族は武力で狩猟採集の民族を制圧できるようになったのである。

古代日本で稲作が広まっていった背景

イネは他の穀類と比べても収量が多い。収量が多ければ、それだけ米が蓄えられ、富が増える。

また、稲作は、青銅器や鉄器といった最先端の技術をもたらした。こうした技術が人々を魅了し、稲作は受け入れられていったと思われる。

稲作に用いる土木技術や鉄器は、戦になれば軍事力にもなる。時には、稲作

を行う集団が武力で、稲作を行わない集団を圧倒していったこともあったこと
だろう。

さらに、メソポタミア文明でもそうであったように、気候の変化は人々が農
業を選択する引き金となった。

約四〇〇〇年前の縄文時代後期になると、次第に気温が下がり始めた。東日
本の豊かな自然が大きく変化するようになったことが農業の始まりに影響を与
えたとも指摘されている。東日本は、豊かな食糧に支えられて人口密度が高か
ったから、食糧の不足は切実な問題となったことだろう。

こうして時間をかけながら日本人は稲作を受け入れていった。

安定した食糧と引き換えに農業という労働を行うようになり、それはやがて
富の不平等を生み、力の差を生み、国が形作られるというように日本の歴史が
始まるのである。

日本の自然には神が宿る

恵みと脅威の源泉

自然信仰が今なお残る日本

日本人は正月には神社にお参りするが、そのわずか一週間前にはキリストの誕生日であるクリスマスを盛大に祝うし、お寺に除夜の鐘を撞きに行く。生まれたときには神社に初参りをするが、教会で結婚式を挙げて、葬式はお寺です。

その節操のなさから日本人は無宗教であると言われるが、そんなことはない。日本にも神さまがいる。それも八百万（やおよろず）の神と呼ばれる神さまだ。

森にも田んぼにも神さまがいて、家にも神さまがいた。台所にも神さまがい
て、現在でも「トイレの神さま」という言葉があるくらいだ。

だから、キリスト教の神が一人くらい増えても、何ということはなかったし、
かつて仏教が伝来したときも、大勢の仏さまたちを苦もなく受け入れることが
できたのだ。

ユダヤ教に由来するキリスト教やイスラム教は、絶対神を信仰する一神教で
ある。

これに対して、仏教や神道（しんとう）にはさまざまな神さまがいて、それら複数の神を
信ずるのが多神教である。日本は、多神教であると言われる。しかし、多神教
どころではない。日本には神社や仏閣だけでなく、台所にもトイレにも神さま
がいる。川にも田んぼにも神さまがいる。

このような万物に霊が宿るというのは、アニミズムと呼ばれる自然信仰であ
る。

アニミズムのような自然信仰は世界中で見られるが、文明が発達し、社会が
成熟していく中で、キリスト教や仏教のような洗練された宗教に置き換わって

いくのが一般的である。

たとえばヨーロッパも、もともとはケルト人の信仰のように、森の精霊を崇める土着の宗教が見られた。しかし、やがてはキリスト教に置き換わっていくのである。

また、インドのバラモン教も自然神を崇拝する宗教であるが、思想がより整理された仏教やヒンドゥー教へと発達を遂げていく。近代では、アメリカ大陸やアフリカ大陸で多神教を信仰していた先住民たちも、キリスト教へと換わっていった。

このように、アニミズムは原始的な宗教であり、文明の未発達な地域に残っているというイメージがある。

ところが、日本は不思議である。

日本は先進国でありながら、アニミズム的な思考が根強く残っているのである。これは世界でも珍しいケースである。

自然豊かな地における神と、乾燥地における神

深い森の中を歩いているとき、何か気配を感じることはないだろうか。誰も
いない森の中で孤独に植物の調査をしていると、私は、森のどこかから誰かに
見られている感じがすることがある。

この気配は、どこから来るのだろうか。

周りの木々や風に揺れる草花や、大きな石に気配を感じることもある。昔の
人は、この感覚を神と感じたのかもしれない。おそらくは、これが、ありとあ
らゆるものに宿る八百万の神である。

それでは、砂漠を彷徨うとき、人はどこに神を感じるだろうか。

「神さま、お水をください」と天を仰ぐことだろう。そして、願いが通じて雨
が降れば、天の神に感謝をすることだろう。

日本のように自然が豊かな場所では、人はありとあらゆる場所に神を感じる。
もっとも、日本だけでなく、古代の宗教は自然への恐れや敬いからなってい

た。そのため古代宗教は多神教であることが多い。日本の八百万の神に見るように、多神教の神々は私たち人間と同じように自然の恵みを享受し、自然の中で生きている。そして時には私たちと同じように喜怒哀楽を見せる親しみのある存在なのである。

一方、砂漠のような乾燥地では、天の神に救いを求める。これが、おそらくは一神教の起源である。自然が豊かな場所では、自然そのものが恵みであり神であるが、砂漠地帯のような自然の恵みが少ない場所では、自然を克服することが恵みとなる。そして、自然を克服する人間を助けてくれる存在が神なのである。

神は「自然の恵み」を司る（つかさど）ものではなく、「人間の業（わざ）」の象徴なのだ。そして、人間の業を超えた全知全能の神の存在を信じたくなるのである。

西洋の神と日本の神

現在、世界でもっとも信仰されている宗教はキリスト教であろう。

このキリスト教の基礎となったのがユダヤ教である。ユダヤ教では、世界の始まりを次のように要約している。

一日目　暗闇がある中、神は光を創り、昼と夜ができた。

二日目　神は天を創った。

三日目　神は大地を創り、海が生まれ、地に植物を生えさせた。

四日目　神は太陽と月と星を創った。

五日目　神は魚と鳥を創った。

六日目　神は獣と家畜を創り、神に似せた人を創った。

七日目　神は休んだ。

これが『旧約聖書』の創世記に書かれた天地創造である。

だから、キリスト教では、神と同じく六日間働き、七日目の日曜日に休むようになっているのである。

キリスト教では、すべての世界は神が創った。そして、神は世界の創造主と

して人間を創り出したとされている。

それでは、日本では世界はどのように創られたと言われているのだろう。

日本最古の書物である『古事記』に記された国生みの物語では、イザナミノミコトとイザナギノミコトという二神が天の浮橋に立ち、矛で混沌をかき混ぜる。こうしてできた島が日本の始まりである。つまり、日本は混沌から生まれたのである。

そういえば、日本人はあいまいであるとよく揶揄されるが、混沌を引きずっていると思えば納得がいく。

あいまいな日本に対して、キリスト教は明快だ。

『新約聖書』では、「はじめに言葉ありき。言葉は神と共にあり、言葉は神であった。万物は言葉によって成り、言葉によらず成ったものはひとつもなかった」と記されている。

つまり、世界が創られたときに、世の中はすでに「論理的」であり、「言葉で説明されるべきもの」であったのだ。日本人のような、「あいまい」で「言葉で表されないもの」を大切にする気質とはすでに相容れないのである。

言葉によって真実は論理的に説明され、それを受け入れて西洋の人々は神と契約を結ぶ。ユダヤ教やキリスト教の聖書は、神の教えに従えば、天国に導かれるという神と人間との契約の世界である。このように人類の歴史は神との契約によって始まったのである。まさに根っからの契約社会である。

日本の神と祟り

日本には、たくさんの神さまがいる。

神さまは自然を超越したものではない。確かに人間とは異なり、人間の能力を超える存在ではあるが、人間と同じ自然の一員としてそこにいる。

かまどの神さまは火事にならないように家を守っているが、ただ、それだけのことだ。世界を救うようなことはない。トイレの神さまはトイレからやってくる悪霊を防いでくれるが、それだけのことだ。守っているのはトイレのみである。

お地蔵様は私たちを救ってくださる存在だが、昔話では子どもの姿に身を変

えて田植えや農作業を手伝ってくれる。また、有名な昔話の「笠地蔵」では、

年越しに必要なお餅やお飾りを持ってきてくれる。しかし、天地を創った一神

教の神に比べるとスケールが小さい。そして、時には、「神も仏もない」とい

う異常事態も起こるのだ。

それどころか、日本の神さまは怒って祟ることもあるから難しい。

西洋では悪さをするのは悪魔か悪霊か怪物と決まっている。ところが、日本

では、祀ってあるはずの神さまが祟りを起こすのである。

日本では怨霊を鎮めるために、祀って神とする。祀られた神は人々を守る存

在となるが、この神が、時には荒ぶる神となって天災を起こしたり、人々に災

いをもたらしたりするのである。

だから、神さまのご機嫌を取ったり神さまを喜ばせたりするような祭りをす

るのである。

日本人はなぜ誰もいない場所に礼をするのか

高校野球では、グラウンドに入るときに帽子を取って一礼をする。

野球部だけではない。バレー部やバスケット部でも、体育館に入るときに一礼をする。

場所に感謝をする。これは日本人の自然な気持ちである。

対戦する相手に敬意を払って礼をするのは、わかる。審判や、応援してくれる人に対して礼をするのもわかる。しかし、日本人は、誰もいない場所に礼をするのである。

柔道や剣道などの日本古来の武道でも、道場に入るときには礼をする。柔道場や剣道場には神棚が飾ってあるから、神さまに向かって礼をするつもりで入場する。その精神が、おそらく他のスポーツにも広がったのだろうと思われる。

われわれには退職して職場を去るときに、誰もいないオフィスに対して頭を

下げる気持ちは、よくわかる。

何しろ、日本にはありとあらゆる場所に神さまがいるのだ。それに慣れているので、神さまのいなそうな場所にも、お世話になったという意味で頭を下げるのである。

日本では、家や建物を作るときに「地鎮祭」を行う。その土地を利用するということを神さまにお願いするのである。

日本では、神さまは土地にいる。

自然豊かな日本では土地を大切にすることで豊かな恵みを得ることができた。日本人が土地を大切にするのは、当然と言えば当然である。

日本の近代化とアニミズム

自然崇拝の多神教は、多くの神々が住むような自然があって成立する。自然が少なくなっていけば、神さまもまた、いなくなる。森がなくなれば森の神がいなくなる。川がなくなれば川の神がいなくなる。

また、人間の技術が自然の力を上回れば、自然など崇拝するに当たらないと思う。

森を破壊して農地にすれば、より豊かな恵みを得ることができるかもしれない。神に祈るよりも、近代化した装備で、よりたくさんの魚を獲ることができるかもしれない。自然の恵みのおかげで食糧が得られていれば、自然に感謝をするが、人間の技術と努力で食糧が増産されれば、「自然の恵み」という認識は小さくなる。

だからこそ、世界の国々では近代化が進むにつれて、伝統的なアニミズムは失われ、自然を超越した神と、神に約束された人間という一神教の考え方が、腑に落ちるようになるのである。

しかし、日本は近代化した先進国でありながら、昔ながらのアニミズムが根強く残っている。

日本でも自然は破壊され、少なくなっている。科学技術が発達した日本では、神に祈らなくても人間の技術で豊かな社会を作ることができる。それなのに、どうして日本人は伝統的な自然崇拝を守り、八百万の神を失わなかったのだろ

うか。

どんなに人間の技術を発達させても、私たち日本人は昔から、自然の力の大きさと人間の小ささを思い知らされ続けてきた。それは現在でもまったく変わっていない。

日本人に偉大な自然の力を感じさせたもの。それは「自然災害」である。

自然の豊かさは脅威でもある

西洋の神は、人間離れした業（わざ）で自然を制していく。自然が脅威であったとしても、人間は神と共にそれに立ち向かっていくだけだ。

しかし日本では、多くの神さまがいる。

神である自然は、人間に多くの恵みをもたらすが、時にそれは脅威となり、人間に襲いかかる。

特に、日本は自然が豊かである。自然が豊かであるということは、それだけ脅威も大きいということだ。

たとえば、日本は雨の多い国である。ただし、恵みの雨も時に脅威となる。

雨も降りすぎれば豪雨となり、水害や土砂災害を引き起こす。

それは決して昔の話ではない。科学技術や土木技術が発達した二十一世紀の

現在であっても、毎年のように集中豪雨や台風で日本のどこかで水害が起こり、

浸水被害がニュースになる。

しかし、単純ではない。

日本は水資源の豊かな国だが、梅雨の集中豪雨や台風は困るものの、雨が降

らない空梅雨だったり、台風の上陸が少なかったりすると、たちまち水不足に

なり、農作物は育たなくなる。

自然の恵みは自然の恐ろしさであり、自然の恐ろしさは同時に自然の恵みな

のである。

雨だけではない。

地震や火山活動は、現在でも私たちの生命を脅かす恐ろしい存在である。し

かし、ミネラル分豊富な日本の土壌は火山活動によってもたらされたものであ

る。火山活動は山を作り、谷を作り、川を作り、豊かな大地を作り上げた。そ

して、火山の脅威にさらされている地域は豊かな土壌を持った地域でもあるのである。

また、日本は生き物の種類も多い。しかし、豊かな自然では、害虫もまた種類が豊富で数も多い。日本の農業は常に害虫の被害に遭ってきた。そして、大発生した害虫はたびたび飢饉を引き起こしたのである。高温多湿な気候は、植物が育つのには恵まれているが、雑草も旺盛に生育して被害をもたらしてきた。日本は自然豊かな国であると同時に、災害の多い国でもある。豊かな自然と自然の脅威は、常に表裏一体のものなのである。

硬軟あわせ持つ日本の神

西洋の一神教の神は、世界を創り上げた全知全能の神である。そして、神との契約によって、神を信仰する者に恵みがもたらされるのである。

だから人々は神に恵みを求めて祈る。自然がないところでは、わずかな自然は恵みとなるのである。

しかし、自然が豊かなところでは、どうだろう。

豊かすぎる自然は、時に人々の脅威となる。恵みの雨も多すぎれば水害を起こすし、植物を育てる豊かな気候では雑草や害虫や猛威を振るうのである。

日本では、人々は確かに神社で商売繁盛や合格を祈願したり、豊穣を祈念したりする。しかし、厄除けに代表されるように、平穏無事を祈ることも多い。

また、神社によっては火事を防ぐ火除けの神さまや、暴れ川を治める水神さまや、津波を避ける波除けの神さまなどが祀られている。

恵みを求めるというより、自然の脅威がないように願うことも多いのである。

西洋の神は全知全能の神であるが、日本の神さまは、あろうことか時に怒り狂い、時に人々に祟る。そもそも、日本の神さまは、先述のように荒ぶる神の祟りを鎮めて祀られているものも少なくないのである。そして、ご機嫌をうかがうように、神々に供物を貢がなければならないのである。

何という神さまなのだろう。

しかし、この硬軟あわせ持つ神さまのあり方こそが日本の自然の象徴である。

日本の自然の恵みと自然の脅威は、表裏一体なのである。

日本では、神さまは時に悲しんだり、時に怒り狂う。全知全能の神とはほど遠い、何とも人間じみた神である。そして、自ずと神たちを人間と同じような存在と捉えてきたのである。

日本人固有の「自然」意識

江戸時代まで日本には「自然」がなかった

これまで、日本は自然が豊かな国であり、自然の少ないところに農業は発展すると論じてきた。

しかし、そんな自然豊かなはずの日本において、明治時代になるまで「自然」がなかったと言ったら驚くだろうか。

自然というのは、人類が誕生するずっと前から地球に存在するものである。

その自然がないというのは、どういうことなのだろう。

じつは、これは「自然」という概念のことである。

「自然」という概念は、明治の文明開化によって西洋からもたらされた輸入品なのである。

明治時代に「Nature（ネイチャー）」という言葉が西洋から入ってきたときに、その訳語が作られた。それが「自然」である。日本には「Nature」を意味する言葉がなかったのである。

もっとも、「自然（じぜん・じねん）」という単語そのものはあった。しかし、それは「おのずからそうあること」という意味の仏教用語であり、「自然に治る」「自然によくなる」というような成り行きを意味する言葉であった。現代のような「ネイチャー」という意味はまったくなかったのである。

しかし、不思議である。

自然が豊かであるはずの日本に、どうして「自然」という概念がなかったのだろうか。日本はそれほどまでに遅れた国だったのだろうか。

「自然」を認識できる条件

空気の存在は、空気のない宇宙や水中では切実に感じるが、空気の中にいるときに感じることはない。幸せもまた、不幸せなときに切実に感じる概念であるし、健康もまた失ったときに初めてその価値に気がつく。「青春」もそのさなかにいるときにはわからない。過ぎ去ってから「あれが青春だったのか」と懐かしんだり、羨んだりするものだ。

ものの存在というのは、その中にいるときにはなかなかわからない。外から観察したときに初めて認識できるものである。

自然という概念も、自然の外から見たときに作り出されるものである。西洋の人たちにとって、自然とは、人間の世界とは別の世界であった。だから「自然」を認識できるのである。

西洋では神が人を創り、人のために動物や植物などの自然が創られた。西洋の人たちの認識では、自然は人と相対するものであり、支配することを許され

た所有物だったのである。

「自然を大切に」や「自然と共生する」という自然保護の概念は、人間という存在が、あたかも自然とは別の世界に存在するようなニュアンスを持っているのである。

一方、日本では動物や植物は、人間と同じ命を持つ対等の存在であった。日本人にとっては、人間もまた動物や植物と同じように自然の一部であり、自然の中に内包される存在だったのである。

建物の中で暮らしていれば、建物の存在を感じられないように、自然の一部である日本人にとって、「自然」とはごく身の回りにあって認識できないものであった。だからこそ、日本には「ネイチャー」を意味する言葉がなかったのである。

ただし、日本には「天地（あめつち）」という言葉はあった。天地は、人の住む世界だけを表す言葉ではない。すべての生物が天と地の間に住まっている。そこには人の住む空間と、野生生物の棲む空間の区別はない。これが日本の自然観だったのである。

「豊かな自然」に甘える日本人

欧米では、日本に比べて「自然保護」や「動物愛護」の活動が進んでいる。キリスト教の考え方では、自然は神が人間のために創り、神が人間に与えたもうたものである。自然は人間の所有物であるが、神から預かったものでもある。だから、人間が保護し、愛護しなければならないと考えるのである。

特に、ヨーロッパは自然が貧相である。自然は失われ、自然破壊は顕在化しやすい。そのため自然を守らなければならないという自然保護の概念が育つのである。

一方、残念ながら、日本人は欧米に比べると環境問題に対する意識が低い部分もある。

日本人の自然観では、自然という概念はない。人間も、他の生き物と同じように自然の一部である。つまり対等な関係なのだ。

しかも、日本は自然が豊かである。いや、豊かどころではない。

高温多湿な日本では、雑草はすぐに伸びてくる。害虫も発生する。日本の自然は相当に手ごわいのだ。保護するなど、とんでもない話だ。

欧米では、自然を克服しながら、人間の生活を作り上げてきた。一方、日本では、自然の中に人間の生活があった。

決して人間が上にあるわけではない。人間と自然とは対等な関係である。この日本人の自然観は、世界に誇るべきものである。

しかし、一方では、それは自然に対する甘えや認識の低さにもなる。そして、「自然保護」という概念が育たなかったのである。

たとえば、日本には「水に流す」という言葉がある。何か汚れたものも、水に流せばなくなってきれいになる。しかし、それは水が豊富だから可能なのである。

また、「土に返す」「土に戻す」という言葉もある。ゴミを穴に埋めてしまえば、知らぬ間に土に戻っていく。しかし、それは高温多湿で微生物による分解が早いから可能なのである。物が腐ったり、土に戻ったりするのは当たり前のように思えるが、冷涼な地域では有機物はいつまでも分解されない。物が腐る

というのは微生物の働きが豊かだからなのだ。

何か不都合なものも、豊かな水や豊かな自然が消し去ってくれる。こんな甘えが日本人にはある。

だからゴミなどを山などに捨ててしまうのだ。もっとも、昔は、ゴミはほとんど有機物だったから、捨てても分解されてなくなってしまう。しかし、現在のゴミはプラスチックなど化石燃料から作られているから、いつまで経っても分解されない。捨てられたゴミは、いつまでもそのままなのである。

日本人はなぜ環境意識が低いのか

豊かな自然と、自然と共にあった暮らし。

この日本の素晴らしい財産は、残念ながら日本人の環境意識の低さにつながっている面もある。

自然は、どんなに人間が立ち向かっても壊れることなく再生してくる。そして、人間の暮らしを受け止めて、包み込んでくれるような大きな存在だから、

人間は自然に対して全力でぶつかっていく。それが日本人と日本の自然の姿であった。

しかし、近代になって科学技術が発達すると、自然を克服できるようになった。大きな土木機械を使えば農地や河川を思いどおりに整備できる。農薬を使えば害虫や雑草に悩まされることもない。これまで自然に苦しめられてきたが、科学技術が自然を克服するようになったのだ。

さらに、自然の豊かさに対する甘えもあるから、自然を保護しようという気持ちは高まらない。自然を破壊しても、ゴミを捨てても、自然はそれを受け入れて、いつか再生し、回復してくるような気がする。しかし残念ながら、豊かな自然の恵みを得てきた日本で、その自然が失われているのだ。

一方、ヨーロッパの自然は日本に比べて貧相である。

人は自然に立ち向かい、自然を克服することで豊かになってきたが、人間の力が大きくなるにつれて自然破壊や環境汚染が顕在化してしまった。そのため、自然を守るという発想に早い時期からたどりつくことができたのである。

管理や保護が難しい日本の自然

日本で自然保護が発達しない理由は、ほかにもある。

「自然保護」という発想は、自然を管理することでもある。自然が豊かすぎる日本では、自然を管理し、保護することは、技術的に難しい面もあるのだ。

ヨーロッパでは、有機栽培やエネルギー節減や効率的・効果的な施肥・防除などに配慮した環境保全型農業が盛んに行われている。

農業による環境破壊は地下水の汚染を引き起こし、目に見える形で被害をもたらしてきたため、環境保全に対する意識も高い。ヨーロッパは、もともと生物相が貧相で害虫や雑草が少ないために、無農薬栽培や有機農業を無理なく行うことができる。

以前、生物多様性の保全に取り組んでいるというイギリスの農場を調査したときのことである。農場を歩き回っても、アリ一匹さえ見つけるのが困難だったことがある。それくらい生き物がいないのだ。そんな農園に花や木を植え

ば、チョウや鳥がやってくる。もともと生物の種類が少ないので環境保護の成果が目に見えてわかるのである。

一方、日本は違う。

自然が豊かな日本では、自然が失われていく危機感を持ちにくい。水田が耕作放棄地となって荒れ果てても、雑草が生い茂り緑を創出する。絶滅する生き物がいたとしても、何かしらの生き物があふれているから、私たちの周りから生き物がまったくいなくなることはない。自然環境が大きく変貌しても、自然の高い再生力がそれを覆い隠すために、自然破壊に気がつきにくいのである。

また、生物の豊富な日本では、大量に発生する雑草や害虫を抑えて有機農業を行うことは、そう簡単ではない。保護だ、愛護だと少しでも気を抜こうものなら、すぐに雑草が生い茂り、害虫が発生してしまうのだ。

それだけではない、自然の生態系が複雑すぎて、自然の保全や管理の適切な方法が簡単にはわからないのである。食うか食われるかの生き物どうしの関係も複雑に絡み合っている。ある害虫を抑えれば、他の虫が害虫化する。天敵を増やそうと花を植えれば、また新たな害虫がやってくるかもしれない。とても

人間の叡智（えいち）で管理しきれるものではないのである。

台所にハエのいる欧州、いない日本

日本で雑草が生えないようにするのは大変である。しかし、日本人はそんな過酷な環境の中で雑草が一本も生えないことを理想としてきた。

そんな夢のような理想を実現してくれたものがある。それが農薬であり、除草剤である。

今まで苦労をして這いつくばって取ってきた雑草や、祟りのように恐れられていた害虫が、除草剤や農薬をかけるだけで、まったく発生しなくなる。昔の人たちにとって、除草剤や農薬は、大魔術か、ドラえもんのひみつ道具を見るかのような、感動的な夢の技術だったのである。

農家の人たちは農薬をかけることを「消毒する」という。

まるで雑菌がない状態にするように、雑草や害虫などの生き物がまったくいない状態にすることが「消毒」なのである。

日本人は昔から、自然を克服するのではなく、自然と共に生きる道を選んできた。しかし、それは日本の自然は豊かで克服できないという一面もあったのだ。

農薬という科学文明を手にしたとき、日本人は自然を克服できるようになった。そのため日本人は好んで農薬を使用するのである。

たとえば、ヨーロッパの農場に行くと、台所にハエがいる。ヨーロッパは生物がいないとはいえ、たまにはハエくらいいるのだ。

しかし、現在の日本の台所ではハエを見ることはほとんどないだろう。ハエは放っておけばいくらでも発生してくるが、昔から防除を繰り返してきたので、今ではほとんどいなくなったのだ。

自然が豊かなはずの日本にはハエはいないが、自然の貧相なはずのヨーロッパでは今でもハエを見ることができる。これが日本とヨーロッパの今の自然の姿なのである。

日本人にとって自然は良きライバル

欧米では環境意識が高く、自然保護や動物愛護の考え方も進んでいる。環境破壊が進んだ現在、自然保護や動物愛護の考え方は重要である。しかし、そこには自然は人間の所有物であり、人間は自然よりも上の存在であるという西洋の思想が根底にある。

西洋の人間にとって、自然は神から与えられたものであり、人間のほうが上にある存在である。だからこそ、利用もするし、保護もする。

これに対して、日本では決して、人間は自然の上にある存在ではない。対等な関係として、日本人は自然に対して全力で向き合ってきたのである。

そして日本人は、時に自然の恵みを享受しながら、時に自然の脅威と戦ってきた。そんな対等な関係だからこそ、厳しい戦いを通して、人々はそこに尊敬の念を抱かずにいられなかったのではなかろうか。

人と自然の戦いは、戦いの中で友情が芽生える良きライバルのような関係だ

ったのかもしれない。

　そして、日本人にとっては、雑草もまた強力なライバルだったはずなのである。

　日本人は、雑草に悩まされながらも、憧れを抱く。その一因はこの自然との関係にあるのかもしれない。

日本の無数の生き物たちと田んぼ

虫を愛でる国、日本

日本では夏が近づくと、スーパーなどで虫捕り網や虫かごがたくさん売られているのを目にする。そして、子どもたちは夏休みにセミ取りや昆虫採集に夢中になるのである。また、夏休みになれば、カブトムシやクワガタムシがペットとして売られている。

しかし、虫かごが売られていたり、子どもたちが虫を飼ったりする光景は、海外ではあまり見られない。

アメリカのある昆虫学の先生は、日本には虫が好きな昆虫少年がいて羨ましいとおっしゃっていた。その大学のキャンパスでは、あちらこちらでコオロギが踏み潰されていた。コオロギがいると、学生たちはそれをわざと踏み潰すのだという。コオロギもゴキブリも同じなのだ。

日本ではコオロギを踏むことはない。踏み潰されていればかわいそうと思うだろう。

じつは、日本は世界でも珍しい虫を愛する国なのである。

日本には昔から虫を愛でる文化があった。たとえば、かつての日本では鈴虫を飼って虫の音を楽しんだ。その起源は古く、平安時代の『源氏物語』には、すでに鳴く虫を観賞用に捕まえることが記されている。

虫の音を認識し、楽しむ日本人

日本人と欧米人とでは、虫の音に対する脳の働きが異なることが知られている。

日本人は、虫の音を言語脳と呼ばれる左脳で認識する。「チンチロリン」「リーンリーン」といった言葉として認識するのである。一方、欧米人は虫の音を音楽脳と呼ばれる右脳で処理する。欧米人は虫の音を雑音として感じるのである。

虫の音を左脳で認識するのは、世界でも日本人とポリネシア人だけと言われている。その他の国々では虫の音は雑音なのである。

脳の認識がそうだから、日本人は虫の音が好きなのだと言うことができる。

しかし、どうして日本人は虫の音を楽しむことができるような脳を持つようになったのだろうか。

リーンリーンと鳴くスズムシは、古くは松虫といった。松林を吹く風にたとえられたのである。逆に、現在のマツムシは、昔は鈴虫といった。チンチロリンという鳴き声が鈴の音にたとえられたのである。ガチャガチャと鳴くクツワムシは、馬のくつわの音にたとえられているし、スイーッチョンと鳴くウマオイは、馬を追うときの声に聞こえることから名付けられたのである。このように、日本の虫の鳴き声はさまざまである。そして、歌うように話すように鳴く

のである。

欧米では、こんなにたくさんの鳴き方はない。草むらで「ジーー」と音がしているのが虫の声である。これを認識しようというのも無理な話かもしれない。

また、欧米にもセミはいるが、欧米人はセミの声を認識していないし、認識しても気にも留めない。

日本のセミは「ミーンミーン」と鳴いたり、「ツクツクホウシ」と鳴いてみたり、じつに鳴き声が豊かである。これに対して欧米では、セミもまたジーーと鳴くだけである。これでは雑音として認識してしまうのも無理はない。

秋の虫やセミが鳴くのはメスを呼び寄せるためである。しかし、日本は虫の種類が多いから、多くの種類の虫が一斉に鳴くことになる。そのため、日本は虫たちも他の種類の虫と区別をつけて、認識しやすいようにリズミカルに鳴いたり、さまざまな鳴き方を工夫しているのだ。そんな豊かな虫たちの音色が、日本人の脳を虫の音色を認識して楽しむように発達させたのかもしれない。

人も虫も神さえも、自然の一員

西洋の伝統的な科学教育では、観察・実験を行うことや、自然の事物・現象を理解することが目的とされている。

ところが、日本の理科教育は違う。

自然科学的な教育に加えて、「自然に親しみ、自然を愛する心情を育てること」が目標に加えられているのである。

自然に親しむことや自然を愛することは、科学でも何でもない。むしろ科学的思考に反するものだ。

西洋が育んできた科学は、このような心情的なものをできるだけ取り除いて、できるだけ客観的に物事を見ることなのである。

しかし、これこそが日本人が培ってきた自然観であり、日本の理科教育の誇るべき点であると私は思う。

西洋の科学と日本の理科は同じではないのである。

キリスト教では、神が植物を創り、動物を創り、家畜を創り、そしてその支配者として人間を創った。

しかし、日本では人間は自然の一員である。

だとすれば、動植物はもちろん、小さな虫でさえも、同じ自然の一員である。

これが日本人の自然の捉え方である。

「一寸の虫にも五分の魂」という言葉がある。

この言葉は、虫にさえ魂があるように、小さな者や弱い者でも、それ相応の意地や感情は持っているから、決して侮ってはいけないという意味である。弱い人間を大切にしようというわざに「虫にさえ魂があるのだから」と虫を出してくるのはすごい。

ショウリョウバッタというバッタがいる。チキチキと音を立てて飛ぶことからチキチキバッタとの別名もあるこのショウリョウバッタのショウリョウは、漢字では精霊と書く。ショウリョウバッタは、先祖の霊の化身であったり、先祖の霊の乗り物であると考えられていたのである。

お盆のころに現れる赤とんぼは、別名を「精霊とんぼ」という。赤とんぼも

また、先祖の霊であったり、先祖の霊を運んでくるものであると考えられていたのである。

確かに非科学的な話である。

しかし、人間も虫や植物と同じ生物であることに、何の変わりもない。

もしかすると、人間も他の動植物も同じであるという日本的な見方のほうが生命科学の真実に近づける部分もあるのではなかろうか。

日本と西洋における「生物多様性」の違い

日本には身近に愛すべき小さな生き物たちがいることも、日本人が小さな生き物を愛することの一因になっているかもしれない。

ヨーロッパでは生き物の種類が少ない。

たとえば、同じ島国であるイギリスと比較してみると、日本の植物数は約五三〇〇種で、そのうち日本にだけ生息している固有種が約一八〇〇種ある。これに対して、イギリスは植物が約一六〇〇種、そのうち固有種がわずか約一六

○種である。また、魚類は、日本は約三八〇〇種、うち固有種が約四〇〇種であるのに対して、イギリスは約三〇〇種で固有種はゼロである。

ヨーロッパでは古くから自然破壊が進んだということもあるが、日本はそれだけ自然が豊かで生き物の種類ももともと多かったという一面もあるだろう。さらには自然が豊かであったから自然破壊が進まなかったという一面もあるだろう。

ヨーロッパのカントリーファームな生活を描いた絵には、さまざまな生物が登場する。たとえば、ピーター・ラビットに代表されるウサギがいる。ウサギを狙うキツネもいる。あるいは、ミツバチマーヤに登場するミツバチもいる。あとは、よく描かれるのは、「はらぺこ青虫」の絵本で知られるイモムシやチョウの類（たぐい）だろうか。そして、牧場には、牛がいて、馬がいて、鶏やアヒルがいる。

「生物多様性」という言葉がある。最近では農村地域の「生物多様性」が話題になることも多い。ところが驚くことに、ヨーロッパで生物多様性というときには、牛や馬などの家畜も含めることが多いのである。

どうしてか。それは生物が少ないからである。

確かに牛や馬にもいろいろな品種がある。特に、その地域で守られてきた伝統的な品種は、他の生物と同じように守るべき貴重な遺伝資源である。

しかし、日本の農村で生物多様性という場合には、家畜を含める感覚はないだろう。そんなものを数えなくても、農村にはありとあらゆる種類の生物がいるからである。

田んぼに集まる弱い生き物たち

農業はわれわれの生存に欠かせない食糧を供給してくれるが、一方で自然破壊である。これは日本でも同じである。

たとえば、日本の農村には「田んぼ」という環境がある。美しい田んぼの風景を見ると、私たちは自然を感じて癒されるが、よくよく考えてみると、田んぼという環境は自然ではなく人間が作り出したものだ。

たとえば、一面の緑を演出するイネは人間が改良した作物であるし、すべてのイネは人間が植えたものなのである。野の花が咲き乱れる畦道も、人間が水をた

めるために作ったものだ。そして、メダカやドジョウが泳ぐ小川は、田んぼに水をためるために人間が引いたものであるし、そうやって人工的な作業を駆使して作り上げて水をためたのが、田んぼという環境なのである。

しかし、そんな田んぼにも、たくさんの生き物がいる。

田んぼを棲みかとする生き物は、五〇〇種を超えるであろうと言われている。どうして、人工的な環境である田んぼに、そんなにもたくさんの生き物がいるのだろう。

豊かな森の自然は生物が棲むのに適しているが、そこでは激しい生存競争が繰り広げられる。植物でいえば、強者である大木などは生い茂り、小さな野の花などは生存できないのである。もちろん、これがダメというわけではない。生存競争が行われる適者生存の世界こそが、本来の自然である。

一方、人の暮らす里や野山では草刈りが行われたり、田畑が耕されたりする。

このような行為は、一見すると自然を破壊しているように思えるかもしれない。

しかし、日当たりの良い明るく開けた環境が作られ、強い植物がはびこるのを防ぐので、多くの小さく弱い野の花たちにとっては生存のチャンスが生まれる

のである。こうして、農村では多くの植物が生えるようになるのである。そして、農村に生える弱い植物が、タンポポやスミレなどの身近な植物なのだ。

同じように、農村には本来の自然界では生きる場所が少ないような「弱い生き物」たちが集まる。それらが私たちに身近なカエルやトンボ、ドジョウ、メダカ、ホタルなどの生き物たちなのである。

草刈りをしたり田畑を拓いたりするのはある意味自然破壊だが、そのおかげでできた人工的な田畑の環境には、新たな弱い生き物たちによって新たな生態系が作られるのである。

田んぼという豊かな「二次的自然」

このようにして人間が作り出した自然は「二次的自然」と言われる。

一次的自然は、もともとそこにある原生的な自然である。これに対して二次的自然は、一次的自然が破壊された後に成立した自然をいう。一般的には、火山活動などによって一次的自然が喪失した後に成立するような自然が二次的自

然と呼ばれている。しかし、人間によって破壊された後に成立した自然もまた、二次的自然としての性格を有しているのである。

映画「もののけ姫」では、「シシ神の森」と呼ばれる深い森が描かれる。これが一次的自然である。しかし、物語の中で森は失われるが、物語の最後のシーンでは、野の花が咲き乱れるような明るい草原が復活する。この草原が二次的自然なのである。

トンボやカエル、ホタル、メダカなどの田んぼの生き物たちは一次的自然のような深山幽谷(しんざんゆうこく)には棲むことができない二次的自然の生き物である。

このように、日本の農業には、環境の破壊者でありながら豊かな二次的自然を創造するという面もあるのである。

田んぼの生き物はどこから現れたのか

しかし、不思議なことがある。田んぼを棲みかとする生き物たちは、人間が農業を始める前には、いったいどこに生息していたのだろうか。

日本は雨が多く、水が豊富である。さらに、山は急峻である。そのため、日本の国土を流れる河川は急流となる。

ヨーロッパを旅すると、町の中を豊かな川がゆったりと流れている。たとえば、フランスを流れるセーヌ川であれば、標高四七〇メートルを約七八〇キロメートルの距離をかけて水が流れる。またドナウ川は、標高六八〇メートルをじつに二八六〇キロメートルもの距離をかけて流れていく。

これに対して日本の河川は急流である。

日本の代表的な大河である木曽川でさえも、標高八〇〇メートルもの高さから、わずか二〇〇キロメートル足らずの距離で水が流れ落ちる。

明治時代に日本を訪れたオランダの河川技術者が、「これは川ではなく、滝だ」と驚嘆したのも無理からぬ話だ。

こうした急流は暴れ川となり、雨が降れば、たちまち増水して、あちらこちらに洪水を起こす。こうして、氾濫を繰り返す暴れ川の周りの平坦地には、「後背湿地」と呼ばれる水たまりのような湿地が無数にできた。田んぼの生き物たちの祖先は、この後背湿地を棲みかとしていた。

やがて人間はこの後背湿地を利用して田んぼを拓くようになった。そして、湿地に暮らしていた生き物は、似たような環境である田んぼに適応して、田んぼの生き物となっていったのである。

仏教の殺生思想と日本人の生命観

「いただきます」「ごちそうさま」という日本文化

キリスト教では、食事の前に天の神に対して祈りを捧げる。日本でも、食事の前には「いただきます」と手を合わせる。これは何に対して手を合わせているのだろうか。

一つは、食材に対する感謝である。食事をするということは、肉や魚、野菜、穀物など、命あるものをいただくということである。つまり、「生命をいただきます」なのである。

二つ目は、食材を作ってくれた農家の人や、料理を作ってくれた人に対する感謝である。もっとも、人に対する感謝は、食事をした後の「ごちそうさま」により明確に表れている。「ごちそうさま」は「御馳走さま」である。「馳走」は「急いで走る」という意味である。そうやって食材をかき集めてくれたことへの感謝が「ごちそうさま」なのである。

このように、キリスト教では天の神に対して感謝するのに対して、日本では生き物や人に対して感謝するのである。

肉食と捕鯨に見る、日本と西洋の自然観の違い

西洋では自然や生き物は神が創り、その管理も世界の主である人間に預けている。だからこそ、人間は自然を大切にし、自然を守らなければならないし、愛を持って動物たちを庇護しなければならないのである。

それなのに、人は家畜を残酷とも思える方法で殺し、肉食を厭わない。それは、家畜は人間の食料となるために神が与えてくれたものとされているからで

ある。

最近では、動物愛護の考え方を拡大して、家畜たちにもストレスなく飼育するアニマルウェルフェアのような考え方も広がっている。

あるいは、欧米にも動物がかわいそうだからと、植物しか食べないベジタリアンと呼ばれる人たちがいる。動物を憐れむ心情は十分に共感できるが、あまりに肉食禁止にこだわる姿を見ると、「植物にも命があるのではないか」と皮肉の一つも言いたくなってしまうのが、日本人の感覚だ。

この西洋の伝統的な考え方と日本の伝統的な考え方の違いがもっとも浮き彫りになっているのが、捕鯨の問題だろう。

西洋の人々は日本でクジラやイルカを捕殺して食べることを残酷だという。その考え方はわからないわけではない。

確かに飼っていた金魚が死んでしまうよりも、ハムスターが死ぬほうが悲しいし、犬が死ねばもっと悲しい。それは金魚よりも犬のほうが人間に近い動物だからである。また、日本人もサルは殺したがらない。それはサルが人間に似た生き物だからである。

しかし、クジラを食べてはいけない理由を大上段に「イルカやクジラは人間に近い賢い生き物だから」と言われると、「食用にしているウシやブタも同じ命ではないか」と反論したくなるし、「イルカも小さな魚も同じ命ではないか」と言いたくなる。これが日本人の自然観だ。

西洋人にとって、家畜は食べるために神が与えてくれたものだから、殺して食べることに罪悪感はない。しかし、賢い生き物は、神が創った人間に近い生き物である。だから殺してはいけないのである。

この生き物の命に格差をつけることが、日本人には理解できない。日本人にとっては、生きとし生けるものは、等しく同じ命を持つものである。しかし、人は命あるものを食べなければ生きていくことができない。だからこそ、日本人はいただく命に手を合わせて、「いただきます」と感謝の言葉を述べるのである。

すべてのものに仏性を見る日本人

日本では鯨を獲って殺すが、その供養塔を建てたり、墓を作ったりした。し

かし、それはクジラが賢い生き物だからではない。

日本にはさまざまな供養塔や供養祭がある。日本人は昔から、サバやウナギ、

サケ、エビなど、さまざまなものに対して供養塔を建ててきた。

虫供養という行事もある。農作業を行えば、さまざまな生き物たちを殺すこ

とになる。また、害虫も駆除しなければならない。こうした小さな虫たちを供

養するのである。

虫まで拝んでいたとなると、昔の人たちは、ずいぶんと非科学的で信仰心に

厚かったのだと呆れてしまうかもしれない。

しかし、現在でもペットの犬や猫が死ねば手厚く葬り、僧侶がお経を読んで

葬式をしたりお墓を作ったりするのが、日本である。

海外では、ペットに愛情を注いでも、人間のような葬式をすることはないの

だ。しかし、日本人の感覚では、かわいがったペットは人と同じように葬式をしてあげたいと思う。愛犬家や愛猫家でない人は、バカバカしいと思うかもしれないが、そんな人でも子どものころは、金魚やカブトムシのお墓を作ったとはないだろうか。ネコを車で轢いてしまったときに、つい手を合わせてしまわないだろうか。

すべてのものに仏性がある。これが日本人の考え方である。

だから、人間も他の生き物も同じような命ある存在として捉えるし、小さな生き物たちにも愛情を注ぐことができるのである。

日本人の植物供養と精進料理

小さな虫であればまだわかる気もするが、日本には植物を供養する「草木供養塔」なるものまで存在する。

意識がないような植物さえ供養するという日本人の自然観は、どのようにして醸成されてきたのだろうか。

すべての命を等しく大切にするという日本人の考え方は、仏教の教えによる影響が大きい。

仏教は殺生を禁じており、肉や魚を食べてはいけないのである。そのため寺院では、穀物や豆類、野菜など植物だけで作られた精進料理を食べるのである。

しかし……と、疑問に思う方もいるだろう。

穀物や野菜などの植物も、命ある存在である。それなのに、どうして肉や魚は食べてはならず、植物は食べてもよいのだろうか。仏教と同時に肉食禁止の戒律がもたらされたとき、多くの日本人はそう疑問に思った。しかし、日本に仏教が伝わるまで、そんな問いが投げかけられることはなかった。なぜなら、仏教発祥の地であるインドや、仏教が発展を遂げた中国では、「植物にも命がある」という感覚がなかったのである。植物にも私たちと同じ命があるという感覚は、日本人特有のものなのだ。

仏教者の罪滅ぼしとしての「肉食禁止」

そもそも、仏教では肉食は禁止されていなかった。

もともとの仏教の教えでは、出家者は俗世の欲を否定するために最低限のものだけを所有し、農業などの労働も禁止された。そして、食事を得るために出家者は托鉢を行ったのである。この生活では、与えられたものが肉であれば、ありがたく肉を受け入れる。仏教が禁止しているのは、肉食ではなく「むやみに殺すこと」だったのである。

ただ、不必要な殺生を禁止したインド仏教では、殺生のイメージが肉食をしない菜食主義として広がっていった。そして、「大乗涅槃経（ねはんぎょう）」で肉食の禁止が説かれるのである。

「不必要な殺生はしない」というインド仏教の教えは、やがて中国に渡ると「肉食禁止」という形で慣習化する。

権力者たちが目まぐるしく覇権を争っていた中国大陸では、権力者が替われ

ば仏教が弾圧されるということが頻繁に起こった。そのため、中国の寺院は弾圧を逃れて山岳地帯に展開していったのである。現在でも中国では険しい山に寺院があるイメージがあるし、遣唐使として中国で仏教を学んだ空海や最澄も、高野山や比叡山といった山岳地帯に寺院を建立した。

しかし、山岳地帯で仏教を行うには問題がある。

仏教は、俗世から離れるために労働を禁止し、僧侶たちは托鉢に頼って生活をしていた。しかし、山岳地帯では托鉢をしようにも周辺に人々がいない。そのため、畑を耕し、自給自足の生活をしなければならなかったのである。そこで生まれたのが「精進」という考え方である。つまり、畑仕事や台所仕事の労働は修行の一環であるとしたのである。

しかし、労働をしてはならないという戒律を失ってしまうし、畑仕事で土を耕せば、無意識に畑の虫たちを殺すことになる。そこで、その罪滅ぼしとして新たに生まれた戒律が「肉食禁止」だったのである。

仏教が説く動物と草木の違い

当時の仏教は、現在でいえば先端の科学である。

仏法世界はどのように成り立っているのか、教義の矛盾はどのように解消すべきなのか、現在の学術会議のように、当時の日本の高僧たちによって常に議論が起こされた。ところが、日本人の素朴な疑問である「動物を殺し、肉を食べることは禁止されているのに、どうして米や野菜を食べることは許されるのか。植物を食べることは殺生ではないのか」ということについては、中国ではほとんど議論されていなかったのである。

日本人であれば誰もが感じるこの疑問に答えを見出せなかった日本の仏教界は、仏教の先進地である中国に答えを求める。

中国の仏教の答えはこうである。

「植物は人間や動物と異なり、石や水と同じように意識のないものである。だから、草や木を食べても殺生にはならない」

人間が動物を捕まえようとすると、彼らは逃げ回る。捕まえた動物のとどめを刺そうとすると、彼らは悲鳴を上げる。動物を殺した後、食べるには、血を浴びながら体をばらばらにしなくてはならない。これらは残酷な行為である。

だから人間は、動物の命を奪うことに罪悪感を感じるのである。仏教が肉食を禁止したのは、このような残酷な殺生をむやみに行うことをなくすためである。

一方、植物は、人間が取ろうとしても逃げ回ったりしない。土から引き抜いても、騒いだり、悲鳴を上げたりすることはない。食べるために切り刻んでも、血は出ない。

植物は動物と違って、食べられることに抗おうとする意識を持たず、黙って状況を受け入れる。そのため人間は植物を食べることに残酷さを感じない。だからこそ、インド仏教や中国仏教は、自然な感覚として、植物は意識がないから食べても殺生ではないと考えたのである。

しかし、「植物は意識がないから食べてもよい」というこの説明は、日本の人々には何となく腑に落ちないものだったのである。

インド・中国における植物観

生物学的には、植物は紛れもなく生物である。しかし、植物に命がないといっう感覚は、昔の人たちにとっては無理のないものであった。

それは、当時の科学である仏教であっても同じである。仏教には畜生道があり、人間は動物に生まれ変わることはあっても、草に生まれ変わることはない。

祥の地であるインドの考え方を基礎としている。

また、古代中国には五行説という思想があった。これは、万物は木・火・土・金・水の五種類の元素からなるという説である。木とは、木や草花など植物のことである。つまり、五行説では、植物は火や土や金（金属）や水と同じような自然の構成物であり、動物や人間と同じような生き物であるとはみなされていないのである。

もちろん、インドや中国でも、大木や老木が神聖視されることはある。しかし、それは植物自身が神格化されているわけではなく、精霊が宿ったり神が下

りてくる場所として祀られたのである。

そんな植物に日本人は確かな命を感じていたのである。

日本で受け入れられた「草木国土悉皆成仏」という思想

「殺生はいけないが、植物は食べてもよい」という考えは合点がいかない。しかし、植物を食べることさえ禁じてしまうと、もはや生きていくことはできない。

そこで、日本で広く受け入れられたのが、「草木国土悉皆成仏」という思想だった。これは、「草や木はもちろん、土や水さえも私たちと同じように仏性があり、成仏する存在である」というものである。植物にも仏性があり、私たち人間が死んで仏となるように、植物は食べられることによって成仏すると考えたのである。

宮沢賢治は次のように言った。

「一人成仏すれば三千大千世界　山川草木虫魚禽獣みなともに成仏だ」

一人が成仏すれば、その人が食べたものもすべて成仏するという意味である。人は自らが高みを究めることによって、自らが食べたものの仏性も高まると考え、より良く生ききようとしたのである。

植物でさえ成仏するというこの考え方は、修行して初めて成仏できるという伝統的な仏教の考え方からは逸脱したものである。しかし、古くから植物の中にも命を感じてきた日本人にとっては、ずっと腑に落ちる考え方だったのである。

日本人にとって、肉となる獣も、小さな命である虫や魚も、命に区別はない。日本人は命を奪った虫や魚さえも供養してきたのである。そして、植物もまた命ある存在であるから、植物を食べ、奪った命に感謝し、供養塔を建てたのである。

庶民までが肉食禁止を受け入れた国、日本

すでに紹介したように、仏教が生まれたインドでは、仏僧たちは修行に励む

ために労働をしないかった。仏僧たちは托鉢で一般の人たちから食べ物を分け与えてもらったが、そのとき肉を提供されれば、ありがたくそれを食べたのである。「むやみに殺す」ことは禁じられたが、「肉食」を禁止したわけではない。中国では、山深い場所に寺が開かれたため、一般庶民にまで肉食禁止は浸透しなかった。

「肉食禁止」は中国で作られた戒律である。

中国から仏教が伝わった韓国では、早くから肉食禁止が行われたという。しかし、韓国は、十三世紀から遊牧民である元（げん）の支配を受けた。そのため肉食禁止はなし崩し的になくなってしまうのである。また、十四世紀に李氏朝鮮の時代になると、儒教が国教となり、仏教は迫害されていく。ゆえに肉食禁止が庶民に広がることはなかったのである。

一方、日本では元寇により元の攻撃を受けたが、元の支配を受けることはなかった。

また、儒教は日本では「儒学」とされて、宗教というよりも学問として扱われた。こうして日本では仏教の強い影響の中で庶民にまで肉食禁止という厳しい戒律が浸透したのである。

日本では、すべてのものに生命を感じ、小さな生き物にも貴い命を感じると
いう思想がある。おそらく仏教の肉食禁止は、日本人には大きな抵抗なく受け
入れられたのではないだろうか。

そして、殺生をせずに肉食をしないという仏教の教えは、人間以外の生物に
命を感じるという日本人の考えをより研ぎ澄ませていったのである。

日本の針供養と人形供養

植物だけではない。私たちは、ありとあらゆるものに命を感じてきた。

たとえば、針供養という行事がある。使い古した針をこんにゃくなどの柔ら
かいものに刺して、労をねぎらい供養するのである。

あるいは、古くなった人形を神社やお寺でお焚き上げする人形供養もある。

最近では人形だけでなく、おもちゃのぬいぐるみなども供養するという。

私たちは、生き物どころか、生きていないものにも命を感じ、「成仏」を祈
るのである。

欧米では、このような感覚はない。どんなに大切にしてきたとしても、人形は「モノ」である。だから、人形はゴミ箱に捨てるのである。

仏教は「万物に仏性がある」と説く。

これは日本人にとっては自然な感覚である。

日本人は、虫のような小さくて弱い生き物にも命を感じる。植物にも同じ命があると考える。その自然観の行き着いた末に、すべてのものに命を感じる感覚を手に入れたのである。

仏教観は、まさに日本で完成したのである。

しかし、それだけではない。古来、日本人は木を伐るときに手を合わせていた。それは命への感謝という気持ちもある。ただ、一方では、山の神さまや木の魂が怒らないようにというお祓いの気持ちもある。

また、日本人が人形を供養するのは、捨てられる人形がかわいそうと思う気持ちだけではない。何か罰当たりな気がするからでもある。供養しなければ祟られそうな気がするのである。

確かに、供養塔を建てるのは「感謝」の意味だけではない。「祟りを恐れる」

という意味もある。

日本の豊かな自然は、恵みであると同時に脅威でもあった。日本人がさまざまなものに仏性を感じていたのは、自然に対する恐れが基層にあるからである。

農と自然が育んだ日本人気質

世界の農地荒廃と
日本の田んぼのすごさ

整然としたヨーロッパの風景、雑多な日本の風景

ヨーロッパを旅すると、そこかしこで美しい風景に出合うことができる。

最近ではヨーロッパの鉄道旅を紹介するようなテレビ番組も多いが、車窓に

広がる風景の美しさにはため息が出る。

どこまでも美しく広がる牧歌的な田園風景。石造りの町並みは、色彩も統一

されている。それが、美観地区や保全地区という特別な場所だけでなく、どこ

もかしこも、小さな村々にいたるまで、美しく整っているのだ。

こうした美しい風景を見てから日本の風景を見ると、本当にガッカリさせられることが多い。

田園の風景さえゴチャゴチャしていて、田んぼに隣接して住宅地や都市的な施設が立っている。町並みは統一感がなく、猥雑な雰囲気を醸し出している。

どうして日本は、ヨーロッパが当たり前に残しているような風景を残すことができないのか。だから日本はダメなのだ、と思ってしまう。しかし、本当にそうなのだろうか。

じつは、この雑多で統一感がない日本の風景の特徴こそ、日本の自然の豊かさと素晴らしさを表しているのである。

日本とヨーロッパの土地の生産力の違い

ヨーロッパの農村風景を見ると、広々とした畑が広がり、その遠くに村が見える。

しかし考えてみると、歴史的に小さな村の人たちが食べていくために、これ

だけ広大な農地が必要だったのである。

一方、日本では田畑の面積が小さく、そこら中に集落がある。つまり、少ない農地でたくさんの人たちが食べていくための食糧を得ることが可能であった。だからこそ、昔から人口密度が高かったのである。

ヨーロッパは土地がやせていて、土地の生産力が小さい。

ヨーロッパでは主にコムギやオオムギなどのムギ類が栽培されるが、十五世紀のヨーロッパでは、蒔いた種の量に対して三〜五倍程度の収量しか得られなかった。一方、日本ではイネが栽培されるが、同じ十五世紀の室町時代の日本では、イネは蒔いた種子の量に対して二〇〜三〇倍もの収量が得られたのである。

もちろん、これは土地の生産力の違いだけでなく、ムギとイネという植物の違いもある。

化学肥料が発達した現在で比較しても、コムギは蒔いた種子の二〇倍前後の収量であるのに対して、イネは一一〇〜一四〇倍もの収量である。イネは生産力がずば抜けて高いのである。

それでは、ヨーロッパでもイネを作ればよいと思うが、イネを作るには大量の水が必要である。雨が多く、水が豊富にある日本だからこそ、イネを作ることができたのである。

それだけではなく、日本でもコムギやオオムギを作った。しかも、日本では稲刈りが終わった後の田んぼにムギの種子を蒔き、一つの田んぼでイネとムギを栽培する二毛作を行ったのである。これに対して、ヨーロッパでは、ムギは毎年は栽培することができず、ムギを刈った後は休閑地（きゅうかんち）として休ませたり、クローバーなどの緑肥（りょくひ）作物を栽培したりして、ローテーションを組んだ。日本ではイネとムギの両方を作っていたのに、ヨーロッパでは数年に一度しかムギを作ることができなかったのである。

しかも、ヨーロッパでムギを作ることができたのは恵まれた土地だけである。寒冷な気候で、やせた土地では、ムギを作ることはできず、代わりに牧草を栽培し、家畜を育てたのである。

前章で説明したように、イネ科植物の硬い茎や葉を食料にはできなかった。それらは家畜に食べさせて、肉や乳製品を人間の食料にしたのである。

江戸の大人口を支えた「土地力」

十八世紀、江戸時代中期の江戸の人口はすでに一〇〇万人を超えていた。これは当時、世界一の人口の大都市であったとされている。大都市であるロンドンやパリよりも人口が多かったのである。

世界一の人口と簡単にいうが、たくさんの人が集まるには、いろいろな条件がいる。

人は誰しも腹が減る。日々、一〇〇万人の腹を満たしていかなければならないのである。これは、日本の食糧生産の豊かさによって可能になったのである。

日本はヨーロッパに比べると、平野が少なく国土が狭い。しかし、江戸時代中期の日本には、すでに約三〇〇〇万の人口がいた。これは、日本では狭い農地で十分な食糧を得ることができたからである。

生産性の低いヨーロッパの農地で収量を上げようとすれば、農地の面積を広げるしかない。狭い土地で頑張っても収量は増えることなく、それよりも少し

でも土地を広げて牛を一頭でも多く飼うほうがよい。ヨーロッパでは伝統的に土地を広げ大規模にする努力が行われ、粗放的な農業が発達した。

一方、日本では土地の潜在的な生産性が高い。手をかければかけるほど、収量は増える。同じ田んぼを工夫すれば、イネとムギの両方を作ることができるし、畑でも手をかければ、さまざまな野菜や作物を作ることができる。

そのため、日本では限られた面積の中で、いかに手をかけて収量を増やすかに努力が払われてきた。もっとも、こんなにていねいに手をかけていれば、限られた労力で田畑の面積を増やすことはできない。こうして、日本では伝統的に小規模で集約的な農業が発展を遂げてきたのである。

日本の農業の面積あたりの食料生産力は世界一

日本は農業生産力の豊かな国である。

しかし、そう言われても首をひねる方も多いだろう。

日本は工業立国であり、農業は脆弱（ぜいじゃく）であるというのが、日本の農業に対する

一般的なイメージかもしれない。しかし、そんなことはない。現在でも日本の農業生産力は世界の中でも有力なのである。

農業大国というと、アメリカやオーストラリア、フランスなど国土が広く、見渡す限り広大な農地が広がっている国の印象がある。それに比べると日本は国土が狭く、しかも山ばかりで平野が限られている。その限られた平野も、都市的な施設と農地とが、狭い土地を奪い合うようにひしめき合っている。とても農業大国とは程遠いように見える。

農家の経営規模を見ると、日本の農家の平均耕地面積は約三ヘクタール(二〇二〇農業センサス)である。

これに対して、ヨーロッパの農家の平均耕地面積は、フランスとドイツが約六〇ヘクタール、イギリスが約九〇ヘクタールである。アメリカは約一八〇ヘクタール、オーストラリアにいたっては約三〇〇〇ヘクタールである。これだけ見ると、日本の農家は規模が小さく、国際競争力がないように思える。

ちょっと違ったデータで見てみよう。一アールの面積でどの程度の食料を得ることができるかをカロリーベースで示してみることにしよう。

日本では、一アールで約一〇万キロカロリーの農作物を生産できる。一方、アメリカは約二万八〇〇〇キロカロリーであり、オーストラリアは約一万一〇〇〇キロカロリーにすぎない。日本の生産力は世界一高いと言える。

アメリカやオーストラリアは広大な面積を誇っているが、主に栽培しているのは、牧草やトウモロコシなどの家畜の餌や、ナタネなどの油の原料である。日本のように、手間ひまをかけて米や野菜などの食糧を生産しているわけではないのである。

日本の食料自給率が低いと言われる理由

日本の農業はダメだとよく言われる。そんな日本の農業の脆弱性を示す指標としてよく言われるのが「食料自給率」である。

日本の食料自給率はカロリーベースで約三八パーセント。つまり、約六二パーセントを海外に依存しているというのである。この数字は、先進国では最低であると言われている。

しかし、日本の主食である米の自給率は約一〇〇パーセント。また、野菜の自給率は約八〇パーセントである。主要な食糧である米と野菜がこれだけ作られていれば、十分な気がする。

それでは、どうして日本の食料自給率がこんなに低いのかというと、主には家畜の餌となるトウモロコシやダイズなどの自給率が、ごくわずかだからである。

肉の自給率を見ると、牛肉が約三五パーセント、豚肉が約五〇パーセントであり、牛乳・乳製品の自給率は約六〇パーセントである。しかし、肉や牛乳・乳製品を生み出す家畜の餌の自給率は約二五パーセントしかない。そのためカロリーベースの自給率が低くなってしまうのである。

確かに、日本の食料自給率は一九六〇年代には七〇パーセント以上あったのに対して、それから半世紀の間に四〇パーセント以下にまで低下してしまっている。

しかし、世界で自給率が高い、低いと大騒ぎしている国など日本以外にない。そもそも日本で自給率が問題になるのは、自給できる力が高かったからである。

衣類も住まいもエネルギーも植物から作る日本

日本は江戸時代に鎖国を行い、海外との交流を絶った。

しかし、鎖国を行うことができたということは、輸入に頼らなくても自活できたということである。

実際に、江戸時代の日本は食料のほぼすべてを自給していた。

江戸時代の日本は、すでに人口の密集した国であった。人口の多い国が自国でほぼすべての食料を自給していたというのは、とても珍しい。

それだけではない。日本は衣服も、家の材料も、エネルギーさえ自給していた。

その自給を支えたものが、日本の豊かな植物である。

イネを栽培して得られるものは、米だけではない。イネの茎である藁（わら）からは、わらじや草履（ぞうり）などの履物や、雨具である蓑（みの）や、俵など、ありとあらゆるものが作られた。また、ススキなどの茅（かや）は茅葺き屋根の材料となった。

衣類の材料とする繊維を取るためにアオイ科のワタやアサ科のアサを栽培し、クワ科のクワを栽培してカイコを飼育し、絹を生産したのである。さらに衣類の染料としてタデ科のアイやキク科のベニバナなどを栽培した。

紙の材料のために栽培したのはクワ科のコウゾやジンチョウゲ科のミツマタである。

イグサからは畳表が作られ、カサスゲという植物は菅笠の材料となった。また、豊富な植物は家畜の餌となったり、田畑の肥料となったりもした。

エネルギーはどうだろうか。油を取るための植物として、アブラナ科のナタネや、シソ科のエゴマなどを栽培した。そして、ウルシ科のハゼからは蠟を取り、ろうそくを作ったのである。こうして、ありとあらゆる植物を利用していたのである。

現代の私たちは、エネルギーはもちろん、プラスチックや化学繊維など、ありとあらゆるものを石油などの限りある資源から作っている。そして、食料を輸入するためにも、多くの化石燃料を使っている。

何億年も前の大昔に作られた石油などの化石燃料がなければ何もできないの

だ。

一方、江戸時代はほぼすべてを植物から作っているから、資源は枯渇することとなく、再生産が可能である。限りある資源を食いつぶしている現代人と比べて、ほぼすべてを植物から作り上げた江戸時代の人たちが劣っているとは言えないのである。

じつは輸入に依存している西洋の農業国

農業生産性の低い西洋の国々では、昔から他国と物流を行ったり植民地を使ったりして、農産物を生産してきた。

ヨーロッパにも食料自給率が一〇〇パーセントを超えるフランスのような農業大国があるではないか、という意見があるかもしれない。確かに日本の食料自給率がカロリーベースで約三八パーセントなのに対して、フランスの食料自給率は約一二五パーセントである。

しかし、フランスは食料自給率が一〇〇パーセントを超えているからといっ

て、食料を輸入していないわけではない。

フランスは農業大国であり、世界に食料を輸出している。しかし、じつは輸入も多い。フランスの食料輸入金額は日本と同程度である。

しかも、フランスの人口は約六八〇〇万人で、日本の半分程度しかない。そのため、一人あたりの食料輸入金額で考えると、フランスは日本の約二倍である。

なお、一人あたりの食料輸入金額はイギリスやドイツもフランスと同程度に多い。農業大国のように思えるヨーロッパの国々は、どこも日本以上に輸入に依存しているのである。

世界で急速に進む農地の土壌浸食

日本では農業や農村は、自然を守っているというイメージがあるが、世界を見渡せば、農業は自然の破壊者であるとみなされることが多い。

一つには農地開発である。

農業を行うためには農地が必要となる。海外では、農業生産力は農地の面積に比例する。農業生産性を高めるためには農地を拡大しなければならない。森林を破壊して農地に替えなければならないのである。森

現在でも世界のあちらこちらで自然を破壊し、森林を伐採して、農地の開発が行われている。

しかし、大規模な農地の開発が行われているにもかかわらず、世界の農地面積は増えていない。これは、どうしてなのだろうか。

じつは、農業を行うことによって農地が荒廃し、作物の栽培ができなくなっているのである。

たとえば、農地で作物を栽培すれば、作物が土の中の養分を吸収する。その土の中の栄養分は失われて、やせた土地になってしまうのである。もちろん、作物を栽培するためには肥料分を施与（せよ）するが、化学肥料で補える栄養素は限られている。こうして、やせた土は砂のようになり、流れ出ていってしまう。じつは、現在では、世界の農地の約四〇％でこのような土壌浸食が問題になっている。特に、食糧生産大国であるアメリカでは約七五％もの農地で土壌

浸食が起こっているというから深刻である。

土は無限にあるわけではない。土は有機物が分解されてできる。たった一センチメートルの深さの表土が生成されるのに、およそ二〇〇～三〇〇年かかると言われている。つまり、作物を栽培する三〇センチメートルの深さの土を作るためには、六〇〇〇～九〇〇〇年という途方もない歳月を要するのである。

その表土が、今、みるみる失われているのだ。

農業が招く塩類集積と水不足

もちろん、やせた土にならないように、人間は肥料をまく。しかし、その肥料もまた砂漠化の原因になっている。

作物を栽培するために農地に水をまくと、土にしみ込んだ水に土の中のミネラルなどの栄養分が溶け出す。日光に温められると土壌表面の水は蒸発し、栄養分を含んだ土の中の水は地表面に上がっていく。こうしてミネラルなどの栄養分だけが土壌表面に蓄積され、濃度を高めてしまうのである。

作物を育てるのに栄養分は必要だが、適量がある。土壌のミネラルなどがあまりに高濃度になると、植物が育たなくなる。そして、砂漠と化していくのである。この現象は「塩類集積」と呼ばれている。

古代に繁栄を遂げたメソポタミア文明は、この塩類集積によって滅亡したとされている。

しかし、科学が進歩した現在でも塩類集積は大きな問題となっている。今でも、農業による地力の低下や塩類集積によって、一年間に五〇〇～六〇〇万ヘクタールもの農地が砂漠と化している。驚くことに、これは日本全体の農地面積よりも大きいのである。

さらに近年では、水資源の不足が指摘されている。

水の惑星と言われる地球ではあるが、その多くが海水や地下水であり、実際にわれわれが利用できる水資源は、わずか〇・三％にすぎない。その限られた水の、じつに約三分の二が農業用水として利用されている。農業の発達と拡大は、地球規模の水不足を招いているのである。

中国大陸を流れる黄河は全長約五五〇〇キロメートルにも及ぶ世界有数の大

河である。しかし、農業用水として水を使いすぎたことによって、下流部では断水が起こっているという。また、ロシアのアラル海は、かつて世界で四番目に大きい湖として知られていた。ところが農業用水として水を利用するようになってから、アラル海はみるみる小さくなり、ついに消失してしまったのである。

このように、農地の開発や地力の低下、塩類集積、水資源の不足など、農業は環境を破壊している。にもかかわらず、なぜか日本では農業による環境破壊と言われてもピンとこない。それも無理はない。このような環境破壊は日本では起こりにくいのである。

砂漠化しない日本の農地

日本では、農業を行うことによって農地が砂漠化したとか、農業が環境を破壊するという話はあまり聞かない。これは、日本の農業やアジアにある田んぼというシステムによるものである。

日本では農業生産量の拡大は、農地の拡大が必須というわけではない。古くから日本では、限られた農地を有効活用し、手間ひまをかけることによって農業生産性を高めてきた。それが日本の農業である。

また、日本は雨の多い水資源に恵まれた国である。

日本に広がる水田は、水を蓄えるだけでなく、豊富な水を掛け流しているくらいである。

世界の農地で問題になっている土壌の流亡はどうだろうか。日本の国土を覆う田んぼは、畦で周りを囲み、土が流出するのを防ぐ砂防ダムの役割をしている。

それでは、世界の農地を砂漠化している塩類集積はどうだろうか。

土壌表面に塩類が集積するのは、水分の蒸発によって土の中から水が上がってくるためである。雨の多い日本の畑地や、水を張っている田んぼでは塩類集積は問題にならない。

また、作物を栽培することによって土の中の栄養分が奪われるが、これも日本では問題にならない。田んぼでは、山の森から流れる栄養分が田んぼを潤し

ていくし、落ち葉や刈り草などの豊富な植物資源を利用して、昔の人たちは有機物を常に補給してきたのである。

毎年イネを作れる奇跡

日本では、毎年、当たり前のように田植えをしてイネを育てる。これも世界的に見れば、極めて珍しいことである。

農作物を栽培するときには、「連作障害」が問題になる。毎年、同じ作物を連続して作ると、うまく育たなかったり、枯れてしまったりする。そのため、作物の種類を変えなければならないのである。

ところが、日本では毎年、同じ田んぼでイネを作っている。それなのに、どうして連作障害が起こらないのだろうか。

連作障害の原因には、作物の種類によっては土の中の栄養分を偏って吸収するために、土の中の栄養分のバランスが崩れてしまうことや、作物の根から出る物質によって自家中毒を起こしてしまうことがある。あるいは、同じ作物を

栽培することで、土壌中にその作物を害する病原菌が増えてしまうということがある。

ところが、田んぼは水を流すことによって、余った栄養分は洗い流され、新しい栄養分が供給される。また、生育を抑制する有害物質も洗い流してくれる。さらには、水を入れたり乾かしたりする田んぼでは、同じ病原菌が増加することも少ない。

そのため、田んぼでは連作障害が起こらないのである。そして、この田んぼという優れたシステムを可能にしているのが、日本に降り注ぐ豊富な水資源なのである。

日本のイネは何千年も昔から、ずっと同じ場所で作られ続けてきた。これは、世界の農業から見れば、まさに奇跡である。

一方、ヨーロッパの畑で作られるムギでは、連作障害が問題となる。そのため、かつてヨーロッパではムギの刈り跡に家畜を放牧して休閑する三圃式農業（耕地を冬畑・夏畑・休耕地に分け、これを三年周期で循環させていく農法）が行われていた。現在でも、ムギ栽培と家畜飼育を組み合わせた混合農業が行われている。

こうして連作障害を防ぐとともに、地力を回復させるのである。環境を保全しながら持続的にムギを栽培しようとすれば、同じ農地で収穫できるのは数年に一度ということになる。

ところが、イネは毎年作ることができる。それどころか、日本の田んぼでは、イネを作った後に冬作としてムギを栽培する二毛作も行われてきた。連作できるどころか、一年のうちにイネとムギを収穫することさえ可能なのだから、ヨーロッパのムギ畑からすれば考えられないほど高い生産力を誇っているのである。

世界の食糧不足に貢献できていない日本の農業

世界がうらやむ豊かな自然、そして豊かな自然に支えられた高い農業生産力。世界の農業が環境破壊を招き、生産力の低下に直面しているのに対して、日本ではそのような問題は起こっていない。それなのに、日本の農家戸数の減少や農家の高齢化によって農地は減少しているという。

日本では約四〇万ヘクタールもの農地が耕作放棄地となっている。これは全農地の約一割にあたり、じつに東京都の面積の約一・八倍にもなる。

世界は、間違いなく食糧不足に直面している。

人口は急増し、現在では世界人口の約八〇億人のうち、約八億人が飢餓と戦っているという。一方、中国やインドなどの新興国では、食生活の富裕化が進み、豊富な食料が求められている。世界一の輸出国であった中国は、いまや世界有数の食料輸入国となっているのである。

このような食料の需要の増加に対して、世界では森を破壊し農地を拡大し、農地の地力を奪い土地を荒廃させながら、食糧を生産している。しかし、生産力の低い世界の農地では、食糧増加に思うように結びつかないのが現状である。

農業は環境の破壊者である。それでも、人は食べていくためには農業をするしかない。

そして、世界の農地は明らかに足りない。

それなのに環境を破壊することなく高い生産性を発揮できる日本の農地が、世界の食糧不足に対してまったく貢献できていないというジレンマがある。

水田は日本人の知恵の結晶

ヨーロッパの田園風景といえば広大な草地や牧場であるように、日本の農村の風景を構成する代表的なものは「水田」だろう。

田んぼという風景は、当たり前すぎて、農家の人たちは田んぼを前にしながら、「おらの村には何もない」と言ったりする。そして、田んぼが埋め立てられてコンビニでもできれば、「何もなかったところに店ができた」と言ったりする。それくらい日本人にとって田んぼというのは当たり前にあるものなのである。

しかし、よくよく考えてみれば、田んぼというのはすごい場所である。そして、それを作るのには多大な労力を必要とする。

たとえば、当然のことだが、田んぼを作るためには、水路を作り、どこからか水を引いてこなければならない。あるときは、トンネルを掘り、あるときは橋をかけて、先人たちは川から水路を引いてきた。

そして、これも当然のことだが、広大な平野一面に広がる田んぼの一枚一枚に水が行くように水路を通さなければならない。何千枚という棚田があれば、そのすべてに水が行きわたるように水の流れは設計されている。田んぼに水が引かれるというのは、相当な知恵と労力、時間を要する作業なのである。こうした途方もない努力によって人々は田んぼを築いてきた。

日本の平野に引かれた水路の長さは四〇万キロメートルにもなると言われている。これは地球一〇周に相当する長さである。

田んぼがあるということは、当たり前のことではなかったのである。

雑草が日本の水田稲作を発展させた

日本では、水を張った田んぼでイネを作る水田稲作が行われている。

しかし、これもまた当たり前のことではない。確かにイネは、もともと湿地性の植物であったと考えられているが、水がなくても育つように改良された陸稲（とう）と呼ばれる種類もある。

実際に現在でも、水田ではなく、畑で稲作を行っている例も多い。

確かに、日本は雨が多く水が豊富なので、水田稲作に向いている。しかし、水を引いてくる水田稲作は多大な労力を必要とする農法でもある。

どうして、日本では陸稲栽培ではなく水田稲作が行われてきたのだろうか。

それは、水田稲作が雑草を防ぐのに有利だからである。

確かに、田んぼにも雑草は生える。農家の人たちは、何度も何度も田んぼに入って、草取りをしなければならなかった。しかし、田んぼのような湿地に生えることのできる雑草の種類は、畑に生える雑草に比べて圧倒的に少ない。田んぼであれば、草取りを怠れば、すぐに草まみれになってしまうが、田んぼであれば、すぐに雑草だらけになるということはない。

しかも、田んぼは普通の湿地と違って、水を入れたり抜いたりできる。このように湿った条件と乾いた条件を繰り返す環境で生えることのできる雑草の種類はかなり限られる。

また、水田稲作では、当たり前のように「田植え」をする。苗を植えるのは、雑草対策によって発達した技術である。古代には、イネも種子を直接蒔いて、

栽培が行われていたと考えられている。

しかし、高温多湿な日本では雑草がすぐに生い茂り、イネの生育が雑草に負けてしまうのだ。わざわざ苗を作って植えるのは、雑草に負けない大きな体を作ってから田んぼで育てるためなのである。

田んぼに水を張る。田植えをする。

こんな当たり前に見える農作業も、雑草対策として発達した技術であった。

つまりは、見方を変えれば、水田稲作は日本の雑草が作り上げたものなのである。

日本と西洋の「植物分類学」の違い

日本特有の「お婆さんの植物学」

畦の草刈りをする農家のお婆さんと畦道を見ていたときのことである。驚くことに、そのお婆さんは、鎌で草を刈りながら畦に生えている雑草の名前を次々と言っていく。しかし、なぜかイネ科の雑草については、まったく名前を区別していなかった。「これは○○、これは○○」と次々に細かく名前を言い当てていくお婆さんが、イネ科の雑草はどれもこれも、みんな「ちょうな」と呼んでいるのである。

お婆さんは、私に雑草の名前を教えてくれながら、「これは食べられる」「これは薬になる」と、その利用方法を教えてくれた。そして、利用できない植物がすべて「ちょうな」なのである。つまりは、雑草である。よく見ると、お婆さんは役に立つ植物を残しながら、ちょうなはすべて鎌で刈り取っていた。

また、あるときは野山の植物を何でも知っているという有名なお婆さんを山村に訪ねた。そのお婆さんから植物の知恵を聞き取った植物図鑑まで出ているほどの人だ。そのお婆さんと道を歩きながら、よく目立つ花を咲かせているある雑草を指さして私はその名前を聞いた。雑草の名前はマツヨイグサ。明治時代に海外から日本に入ってきた雑草だが、花が美しいことから、詩歌や文学にもよく詠まれる雑草である。そのマツヨイグサが、何という地方名や方言で呼ばれているのか、知りたかったのである。

しかし、そのお婆さんは、目立った花を咲かせるその植物を一目で見るなり、私にこう言った。「それかい。それはね、雑草だよ」

ここに紹介したお婆さんたちは、植物学者ではない。食用にしたり薬用にし

マツヨイグサは、詩歌の中では「宵待草（しょうか）」や「月見草」などさまざまな名前で呼ばれている。

たり、暮らしの中で使う植物は知っておく必要があるが、それ以外の植物に興味はない。だから、雑草なのである。

豊かな自然の中で、日本人は植物を巧みに利用してきた。この「利用」という観点から植物を見るのが、日本人の自然観であると私は思う。

西洋の植物学と日本の本草学

植物学は、植物を分類する分類学として発展してきた。似た種類の植物をグループにして、形の違う植物を別のグループに分けていく。これが分類学である。

たとえば、日本の小菊の花はキク科の植物である。また、ヨーロッパ原産のマーガレットやコスモスも同じキク科の植物である。これが植物の分類である。

現在でも、植物を勉強するということは、植物の名前を覚え、それが何科のグループに属するかを覚えることから始まる。

西洋で植物学が誕生したのは、古代ギリシア時代のことである。古代、植物学の祖と呼ばれているのが、テオプラストスである。

テオプラストスは、植物を樹木、低木、亜低木、草の四つに分類した。そして、系統樹を作り、植物を族、科、属というグループに分ける方法で整理したのである。これは、現在の生物の分類の基礎となるものである。

そして、十八世紀の植物学者リンネが現在の分類学の基礎を築いた。現在では、遺伝子を解析することによって、さらに詳細な分類が可能になっている。

植物学は、植物を分類するによって発展していったのである。

一方、日本では、植物学は中国から伝わった本草学として発展した。本草学では、植物を中心に薬用の観点から分類している。

日本の本草学もそれに倣っているので、植物を利用できるかどうかを分類の大きな基準にしているのである。

日本人は「用途」で植物を区別する

飲料の「茶」は、チャという植物から作られる。チャはツバキ科の低木である。ところが、もともと「茶」という字は、ニガナ（苦い菜）というキク科の植物を意味する言葉であった。「茶」は、飲料にする植物という意味があるのである。

釈迦の生誕を祝う花祭りに飲む「甘茶」は、アマチャという植物から作られる。アマチャは、ユキノシタ科のアジサイの仲間で、ツバキ科のチャとは似ても似つかない。しかし、「茶」の仲間とされているのである。チャの代わりに飲まれたカワラケツメイは、ネムノキに似ていることから「ねむ茶」と呼ばれたり、「豆」をつけることから「豆茶」と呼ばれたりしていた。カワラケツメイはマメ科の植物だが、茶の仲間とされているのである。

このように日本では、植物を植物学的にではなく、用途で分類しているのである。

食べられる植物は「菜」と呼ばれる。

小松菜や野沢菜、白菜はアブラナ科の野菜である。菊菜や水前寺菜はキク科の野菜である。空芯菜はヒルガオ科、ひゆ菜はヒユ科の野菜である。雑草にも「なず菜」という種類がある。ナズナは、ぺんぺん草の別名を持つ雑草だが、野菜として食されもした。だから、「菜」なのである。

他にも繊維になる植物は「麻」と呼ばれた。それぞれ、大麻はアサ科、苘麻や黄麻はアオイ科、苧麻はイラクサ科、亜麻はアマ科の植物である。

また、敷き物にする植物は、「藺」と呼ばれた。「藺」と呼ばれる植物には、大きくイグサ科の植物と、カヤツリグサ科の植物がある。イグサ科とカヤツリグサ科は植物の分類では異なるが、その用途が同じだから、どちらも「藺」と呼ばれているのである。

こうした使い道による分類は、西洋で発生した自然科学とはまったく別の分類法なのである。

日本の植物分類法は使いやすい

西洋の体系的な分類学に比べて、利用方法で区別する日本のやり方は、いかにも非科学的な感じがするかもしれない。しかし、そうとばかり言えないのではないだろうか。

確かに、日本の伝統的な分類はあいまいである。たとえば、動物のタヌキはイヌ科、アナグマはイタチ科に分類される。タヌキとアナグマは明らかに違う生物だが、昔の日本の人は、狸と呼んだり、貉と呼んだり、しっかりとした区別はしていなかった。

また、同様に、コウノトリ科のコウノトリとツル科のツルも混同されがちだったという。

しかし、だからといって、日本人は自然に疎かったかというと、そうではない。

たとえば、同じブリという魚でも、日本人は、成長過程によってハマチやイ

ナダと呼び分ける。味が違うからである。これは、分類学では、ハマチもイナダもブリ（Seriola quinqueradiata）と分類される。これは、魚を食べる日本人からすると実態にそぐわない。

それでは、竹と笹はどう分類されるだろうか。

竹は大きくなるし、笹は小さい。しかし、大きいと小さいの境界は難しい。

西洋的な植物分類学の考え方では、成長するにつれてタケノコの皮がはがれ落ちるのが竹、成長しても枯れるまで皮が残っているのが笹と明確に分類されている。

ちなみにオカメザサという植物は、小さいので日本語では「ササ」と呼ばれているが、皮がはがれ落ちる性質を持っているので、正確には竹となる。

しかし、どうだろう。植物学を研究している人でなければ、皮が落ちるか残っているかなど、どうでもいいことだ。

じつは、英語では、竹も笹も「バンブー」である。

しかし、それを利用する日本人にとっては、大きく育った丈夫な竹は、建築資材にしたり、節を取って入れ物にしたりする。笹は小さいので、笹の葉を摘

んで食べ物を包んだり、刈り取って畑に敷いたりした。そう考えれば、小さな
オカメザサは、やっぱり笹である。

あるいは、イネにはさまざまな品種があるが、分類学的な種名はすべてイネ
である。　分類学では、イネは、日本で栽培される米の粒の丸い短粒種（ジャポ
ニカ）と米の粒が細長い長粒種（インディカ）に分類される。これは、西洋の
植物学的な分類である。

一方、日本では、「糯」と「粳」に分類する。糯はもち米であり、粳は日常
で食べる米である。日本の分類は食べ方の分類である。そのため、ジャポニカ
の中にも糯と粳があり、インディカの中にも糯と粳があることになる。

こうして日本人は、学問的にも自然を利用する立場から分類していたのであ
る。

西洋の植物分類学の限界

科学的な分類学が正しいとは限らない。いまだに学者たちによってどのよう

に分類すべきか議論が紛糾しているものもある。

たとえば、タマネギは、少し前まではユリ科に分類されていたが、その後、ネギ科に分類されて、今ではヒガンバナ科に分類されている。タマネギのような誰でも知るような植物でさえも、いまだ分類が定まっていないのである。

生物の分類の基本単位を「種」という。

イヌやネコというのが、生物種の単位である。イヌはイヌ科というグループに属し、ネコはネコ科というグループに属している。

イヌとネコは見るからに違う。これは誰でも区別できるだろう。しかし、分類学では、オオカミとイヌとは同じ種であるとしている。イヌとオオカミはまったく同じということではない。そこで、種の下に、もう一つ亜種という階層を設けて、イヌとオオカミは同種だが亜種が違うということになっている。

種の概念は、動物では明確ではあるが、植物ではなかなか当てはまらない。植物は、別種とされていても、種間交雑して種子を作ることがある。また、

植物は種子を作らずに、もっぱら栄養繁殖で増えるものも少なくない。タンポポとアサガオが違うことは幼稚園児でもわかるのに、両者の「種」という概念は、いまだ明確になっていないのだ。

分類学の父と呼ばれるリンネは、学名をつけ一つ一つの生物種を分類した。その当時は、幼い子どもたちがそうであるように、見た目で生物種を分けていた。しかし、分けていたはずの二つの生物が、交雑して雑種が生まれたり、連続的に形態が変化したりして、明瞭に線引きできないものも多い。

このような問題に対して、生物学者のダーウィンは、「もともと分けられないものを分けようとするからこんなことになるのだ」と記している。ダーウィンは、生物種は神が作ったものではなく、進化してきたことを明らかにした。種は変化し続けているとしたのである。

それも仕方のない話である。そもそも自然界には区別はない。区別しなければならない理由もない。それを、頭で理解するために、人は区別して整理しようとしているのである。

自然界は本来、境界のない世界

世界は一つである。世界地図に境界線が描かれているわけではない。

しかし、それでは人間が管理するのに都合が悪いから、人はそこに国境を引き、県境を作って、区別していくのである。

富士山はどこまでが富士山だろうか。富士山のすそ野は広がっている。この大地に、ここからが富士山だという境界線はない。日本列島は大地でつながっているから、境界線がないのであれば、どこまでも富士山である。しかし、富士山は静岡県や山梨県にあるものであって、東京や名古屋も富士山のすそ野の一部だとは思わない。

いや、富士山の地形は、海の底へとつながっている。地形だけ見れば、富士山はアメリカ大陸とつながっている。

陸と海の境目も怪しい。海と陸とは海岸線で区別されているように思えるが、海面の高さは、波によって常に動いているし、潮の満ち引きによっても変わる。

本当は、自然界にあるものに一切の境目はない。境目というのは、分類し、理解をするために人間が勝手に定めたにすぎないのである。

たとえば、イルカとクジラはどこが違うだろうか。見た目は明らかに違うが、その境界は難しい。体長数メートル以上の大型種を習慣的にクジラ、それ以下をイルカと呼ぶこともあるが、明確な違いがあるわけではない。人間が勝手に線引きをしているだけである。

生物の世界をどのように区分すべきか。驚くことに科学技術が進んだ現代においても、その分類方法が確定しているわけではない。

植物と動物とは明確に分かれると思うかもしれないが、ミドリムシのように植物と動物の両方の特徴を持つ生物も存在する。そのため、ミドリムシは葉緑素を持ち光合成を行うが、動物のように動き回る。それゆえ、ミドリムシは植物図鑑にも動物図鑑にも載っているのだ。

自然界は何の境界もない世界である。しかし、知能で情報を整理する人間は、境界を作って区別しないと理解できないので、線を引いているのである。系統分類とはいっても、所詮は、人間が自分たちのために作った分類にすぎないの

である。

分類とは、そういうものなのだ。

日本で緑を青と呼ぶのはなぜか

西洋人は自然界を分類し、整理してきた。これはごく自然なことである。

たとえば一〇種類の模様があったとすれば、形や色などで分類したくなる。

そうすることで人間の脳は整理して理解するのである。

ところが、何千、何万種類とあったとしたらどうだろう。こうなると、とても人間の頭では整理ができない。

緑色と青色は明らかに違う。

しかし、日本の伝統色では、緑青や翡翠色、青緑など、青色とも緑色ともつかない色がたくさんある。青色と緑色の境界はあいまいで、とても分けることができない。そのため、青葉や青菜という言葉に代表されるように、緑色のものも「青」と呼んだりするのである。

青と緑の区別がつかないのは、色を見る目がないからではなくて、色の種類が多すぎるからなのである。

西洋では、自然は比較的単純なので、人はそれを見ると区別をしたくなる。こうして分類学が発展するのである。一方、日本は自然が豊かで生物が多様すぎる。その豊かさは、とても人間が整理できるものではない。だからこそ、日本では分類学は進展してこなかったのである。

西洋科学は物事を細分化し、比較する

西洋のキリスト教の世界観では、世界は神が創り上げたものである。ゆえに世界には秩序があるはずである。その神が創った秩序を明らかにしていくのが、西洋で生まれた自然科学である。

西洋は生物の種類も少なく、生態系も単純であるため、自然の仕組みを整理しやすいという面もあったことだろう。

自然を克服し、神が与えてくれた自然の産物を人類の幸福に活かすために、

西洋では自然科学が発達を遂げていったのである。

人間の脳は、複雑なことを複雑なまま理解することはできないので、単純化して整理し、理解する必要がある。

物事を細分化して、比較する。これが科学の基本的な手法である。

たとえば、本書では日本と西洋の比較をしているが、日本の森と西洋の森を比較することにしよう。日本の森と西洋の森は、まったく違う。どこが同じ森かというくらいだろう。しかし、まったく違うというだけでは科学にはならない。そこで、森を構成している要素を、植物、動物、鳥、土、気候など、細かく分類していく。そして、日本の植物と西洋の植物、日本の土と西洋の土といふように、一つ一つの要素ごとに比較していくのである。

もちろん、植物どうしを比べてもまったく違う。そこで、「植物の種類数」や「主な木の種類」「広葉樹と針葉樹の割合」というように、さらに細かく分けて比べていくのである。

まさに、同じような二枚の絵を見比べながら、このあたりが違うのではないかと当たりをつけて比べていく、間違い探しのようなものである。

また、日本の森に生えている木と西洋の森に生えている木を比較しようとしても、単純にはできない。仮に日本の木のほうが高いという結果が出たとしても、それが木の種類の影響なのか、土の影響なのか、気候の影響なのかわからないのである。そこで、複雑な自然は単純化して比較される。それが「実験」である。

気候や土の条件を同じにして、同じ場所で両方の木を栽培すれば、本当はどちらの木が高くなるのか比べることができるだろう。

こうして、複雑なものをできるだけ単純化して理解していく。

このような科学的な作業を進めることは、西洋の人々の論理的な思考を発達させたことだろう。

また、西洋の考え方では人間は自然の外側にいるため、自然というものを客観的に観察したり実験したりできたのである。

単純な比較によって現実を見誤る

現代は科学至上主義である。

しかし、このような西洋科学は、科学の時代である現在であっても万能ではない。

西洋の科学の手法は、同じに見える二枚の絵を比較しながら間違いを探すクイズのようなものだと述べた。この方法では、二枚の絵が違うことは明らかにできる。しかし、完全に同じだと証明することはできないのだ。どんなに目を皿のようにして比べて違いがなかったとしても、顕微鏡で見れば微細な違いがあるかもしれない。インクの成分が違うかもしれない。どこまで比較を繰り返しても、完全に同じであるとは説明できないのだ。

危険であることは説明できても、「絶対に安全である」と証明することはできないのと同じである。しらみつぶしに危険の要素を調べても、それ以外の要素がないとは限らないからである。

単純化による間違いもある。

たとえば、先述の例で、日本の森の木は西洋の森の木よりも高かったとする。日本の森と西洋の森は違いが多すぎて比較ができないから、要素に分けて比較する。

土を比較してみると、日本の土が良かった。だから土の影響だと結論する。

しかし、実際には木の成長は土だけで決まるものではない。気温も影響しているかもしれないし、湿度が影響しているかもしれない。雨の量が影響しているかもしれない。微生物が影響しているのかもしれない。それどころか、それらの要因は、単独で働くのではなく、それぞれが関係しながら木の成長に影響を与えていく。もしかすると、いくつかの要因の相乗効果があるかもしれない。本当は土は影響していないが、他の何かの条件が取り除かれたときに、良い要因をもたらすのかもしれない。

このように単純比較をすることによって実際に起こっている現象が見えなくなってしまうのである。

この問題は現在でも起こる。たとえば、化学物質の一つ一つは安全だが、そ

れをまとめて摂取すると、もしかすると害をもたらすかもしれない。しかし、化学物質の組み合わせは無数だから、相乗的な効果はとても明らかにすることができない。

これが科学の限界である。

本当は科学も万能ではなく、わからないことが多いのだ。

部分に分けない東洋の考え方

これに対して、日本を含む東洋の考え方は、分けることがない。全体的なものは全体的なままに、総合的なものは総合的なままに、そして、複雑なものは複雑なままに、把握しようとする。

この違いのわかりやすい例が、医学だろう。

西洋医学は部分に分けて対処する。病院は、外科や内科、循環器科、皮膚科、眼科、耳鼻科と細かく分かれるのである。

さらに、胃が悪い、腰が悪いと部分的に分けて、対処していく。そして、血

圧や血糖値など、指標を数値化して、理解していくのである。これは、まさに科学の手法である。

このように複雑なものを単純化し、一部分を切り取ることによってわかりやすくし、体を治していくのである。これが西洋の科学である。

物事は単純化すればわかりやすいし、数値化しやすいから、客観的な評価が可能となる。こうして科学は進歩を遂げてきたのだ。

しかし、この手法は一部分しか見ていないから、目的の部分が改善されると、その代わりに他の数値が悪くなるということもある。全体は部分の集まりであるが、部分的に良くなることと、全体的に良くなることは、一致しないこともあるのである。

一方、東洋医学では体を全体的なものとして捉える。そのため、胃が悪いのに、まったく別の部位に針を打ったりするし、頭が痛いのに、それは腰が悪いのだというのである。

東洋の医学は、体全体を捉えて、バランスを整えたりするのである。

しかし、人間が全体的なものを全体的に理解するのは難しい。また、客観的

な評価も難しい。そのため、東洋的な思想は、どうしても感覚的であったり、ともすれば達人だけが理解できる暗黙知的な名人芸になってしまうのである。

利用しないものは「その他大勢」

日本の自然は、豊かであり、複雑である。四季があり、複雑な地形があり、多様な生物がいて、それらが複雑に関係し合い、絡み合いながら自然を形成している。

とても人間が理解することは簡単ではない。

人間どころか、神様さえも理解していないかもしれない。何しろ、日本の神さまは雨を降らせてくれたり、実りをもたらしたりしてはくれるが、神さまさえ自然の一員なのである。神さまとて、複雑な自然を理解しているわけではないのだ。とてもではないが、われわれ人間が簡単に理解したり分類したりはできないのである。

だから日本人は、必要以上の区別をしない。これが日本の自然の捉え方であ

る。

自然はもともと区別できないものだと知っているのである。

もちろん、分類学がないからといって、日本の人々が生物を分類してこなかったわけではない。植物を利用するときには分類しなければならないから、必要に応じて名前をつけて区別する。

冒頭に紹介したお婆さんたちがそうであったように、ありとあらゆる植物の名前を知っていた。それは、ありとあらゆる植物を利用していたということでもあるのである。

そして、利用しないものは必要以上に分類せずに、「その他大勢」として残しておいた。この「その他のもの」という分類が、「雑」である。

「雑」という分類

西洋の明確な分類法に比べると、日本の分類法はあいまいで雑な印象がある。

しかも、日本では「雑」という分類がある。

日本の豊かな自然を日本人は利用し、利用法とともに植物を区別してきた。そして、分類する必要のない、その他たくさんの植物を「雑草」と呼んだのである。

雑草以外にも、「雑」という漢字のつく言葉は多数ある。

たとえば、取るに足りない小魚は「雑魚」と呼ぶ。また、米やムギ以外の穀物は雑穀という。さまざまな木が生えた林は「雑木林」と呼ぶ。最近では、優占的に生える植物の名前をつけてクヌギ林やナラ林と呼ぶこともあるが、それは正確ではない。本当はさまざまな木が生えた雑木林なのである。

雑とつく字を集めてみよう。

雑貨、雑紙、雑誌、雑学、雑種、雑食、雑記、雑音、雑煮、雑感、雑炊、雑菌、雑居、雑具、雑多、雑事、雑然、雑用、雑談、雑録、雑巾、雑収入、雑報、雑話、雑踏……。

眺めてみると、「雑」という言葉には上級な意味はないかもしれないが、決して悪い意味はない。中国雑技団は決して技が雑なわけではなく、技が多彩という意味である。

しかし、現在、私たちが「雑草」という言葉を使うときには、「その他たくさんの植物」や「取るに足りない草」という、のんびりとしたニュアンスではなく、もう少し「害のある草」という意味で捉えることが多いだろう。

雑草はやっかいな困り者である。しかし、雑草が悪者であるという考え方も、じつは明治時代の近代化によって西洋からもたらされたものなのである。

次項では、日本と西洋の雑草に対する捉え方を比較してみることにしよう。

雑草を悪とみる西洋人、雑草を活かす日本人

「雑草」の学術的定義のあいまいさ

「雑草とは、どう定義されるのですか」とよく聞かれる。

学術的な分野では、アメリカ雑草学会の「望まれないところに生える植物」という定義が一般的に用いられている。つまりは邪魔者ということである。

しかし、この学術的定義は、ずいぶんとあいまいな表現に思える。

それでは、人間が望むものであれば勝手に生えていても、それは雑草ではないのだろうか。たとえば、ヨモギという植物は道ばたや畑に生えて邪魔になる

雑草だが、草餅の材料になったり、薬として用いられたりする。そうすると、邪魔だと思う人にとっては雑草だが、役に立つと思う人にとっては雑草ではないということになってしまう。つまりは、時と場合によって同じ植物が、雑草になったり雑草でなくなったりするのである。

こぼれたダイコンの種子が道ばたで芽を出して「根性大根」と呼ばれることがある。道ばたに生えているので邪魔になることもあるが、ダイコンが邪魔になる機会はたくさんあるわけではないので、学術的には根性大根には含めない。

このように雑草の学術的定義は、私たち日本人にはいかにもあいまいな感じがするが、一般の西洋人の考える雑草は間違いなく邪魔者であり、悪者である。

もちろん、野に生える雑草の中には、薬になったりして役に立つ植物もある。英語では、これらの善い草は「雑草」ではなく、「ハーブ」と呼ぶ。そして、害をなす植物が「ウィード（雑草）」なのである。この他、イネ科の雑草は英語では「メドウ」と呼ぶ。牧畜を行う欧米では、イネ科の雑草は家畜の餌として役に立つ。そのため「メドウ」と呼び分けるのである。

このように英語では、ウィード、ハーブ、メドウと呼び分ける。しかし、日本ではすべてさまざまな草という意味で「雑草」と呼ぶのである。

悪魔が雑草の種子を蒔く

西洋では、善と悪は明確に分かれている。

だから、裁判をして善と悪を明確にしなければ気がすまないのだ。そして、良い行いは手放しで称賛し、悪い行いには罰を与える。

ヨーロッパの人々にとって、自然は神が人間のために与えてくれたものであった。そのため彼らは自然を克服しながら、自然の恵みを享受してきたのである。この自然の克服を邪魔する脅威は、怪物や悪魔たちであった。

彼らにとって、雑草は神の恵みを邪魔するものであった。雑草は明らかに「悪」の存在である。

実りをもたらすムギは神が与えてくれたものである。一方、その昔は、夜中になると悪魔がコムギ畑にやってきて雑草の種子を蒔いていると信じられてい

た。雑草は悪魔のものだったのである。

西洋から輸入された「雑草＝悪」という概念

この雑草が悪いものであるという概念は、明治の近代化によって日本にもたらされたものである。前に、「自然」という概念が西洋からもたらされたことを紹介したが、じつは「雑草」という概念も、明治時代に日本に導入された輸入品だったのである。

江戸時代までの日本では、「雑草」は悪い草という意味ではなく、雑魚や雑木林と同じように、「たくさんの草」という意味であった。それどころか、江戸時代までは、雑草という言葉はあまり使われずに、単に「草」と呼ばれていた。

雑草という言葉が初めて文献に登場するのは、江戸時代後期に記された宮永正運（せいうん）の『私家農業談』（一七八九）である。雑草という言葉は、比較的新しい言葉なのである。その農書でも「他の雑草は生ずしてよし」と記されている。つ

まり、雑草は悪い意味で使われていたわけではなかったのである。

江戸時代の三〇〇もの農書を集めた『日本農書全集』の中で、雑草という言葉が登場するのは、この『私家農業談』と、飛騨の大坪二市が記した『農具揃』（一八六五）の二か所のみである。

ついでに言うと、「害虫」という言葉も一般的ではなかった。『日本農書全集』の中で害虫という言葉が登場するのは、たった一か所のみであるという。

しかし、雑草が作物の成長を妨げる邪魔者であることは、日本でも同じである。むしろ、日本のほうが雑草の成長が早く、邪魔になる。それなのに、日本に「雑草はやっかいな邪魔者」という概念がなかったのはどういうことなのだろうか。

善と悪を明確に区別しない日本人

絶対神が秩序ある世界を創り上げた西洋では善悪を明確にしたがるが、混沌から生まれた日本という国の価値観では善悪ははっきりさせずに、何となくあ

いまいにしておきたい。それが、西洋から見れば、何を考えているかわからないと指摘されてしまう日本人の思想なのである。

「善悪は明確な区別はできず、すべての物事には良い部分と悪い部分がある」。これが日本人の考えである。

仏教伝来とともに、日本には陰陽五行説という考え方が持ち込まれた。陰陽五行説とは、すべての事象はそれだけが単独で存在するのではなく、「陰」と「陽」という相反する形で存在し、それぞれが互いに影響を与え合い、消長を繰り返すという思想である。そのため、古くから日本人は、物事には良い面と悪い面の陰陽があると捉えるのである。

しかし、「物事には良い部分と悪い部分がある」という考え方が醸成されたのは、日本の自然と無関係ではないだろう。

豊かな自然は恵みを与えてくれる一方、脅威でもある。良い部分と悪い部分があるのが日本の自然である。

日本では自然も獣も鬼も、脅威であり恵み

善悪を区別せずに、物事には良い部分と悪い部分とがあると考える。日本人の特徴がよく表れているのが、オオカミである。

おとぎ話では、オオカミは悪者であるし駆除されてきた。

山林で最強の肉食獣と言えるオオカミは、西洋では恐ろしい存在とされてきた。

オオカミが恐ろしい存在であるのは、日本でも同じである。しかし、人々はオオカミを恐れながらも、その存在を敬ってきた。オオカミは「大神」の意味である。山の神社ではオオカミを祀る神社も少なくない。

オオカミは脅威であると同時に、畑を荒らす害獣を駆除する存在でもあったのである。

日本で、西洋の悪魔に相当するものは何だろう。おそらくは「鬼」が悪いものの象徴であるかもしれない。しかし、日本で鬼は根っからの悪者かというと、そうではない。

秋田県男鹿半島に伝わる鬼のような形相をしたなまはげは、神の化身である。

さらに、日本各地に、一晩で鬼が橋を架けたり鬼が山に石段を組んだりする伝説がある。つまり、鬼が人間の役に立っているのである。

また、西洋ではドラゴンといえば恐ろしいモンスターだが、日本では龍は恐ろしい存在でありながら風雨をもたらしてくれる神でもある。

台風や嵐は、脅威であるが、豊かな水をもたらしてくれる存在でもある。また、水害は恐ろしいが、河川が氾濫すると、豊かな森の栄養分が田畑に満ちて豊かな恵みをもたらしてくれる。

祟りを起こした化け物や鬼神も、神社に祀られれば守り神となる。巨大な自然も、豊かな恵みと大きな脅威を表裏一体であわせ持つ存在なのである。

田の草取りを変えた「田打車」という大発明

台風や嵐も、鬼や祟り神さえも、恵みをもたらしてくれる存在である。害を

もたらすものが益をももたらすということは、一見矛盾しているようにも思え
るが、日本ではそれがごく自然な感覚であった。

自然の脅威と自然の恵みが一体であった日本では、雑草もまた、単純な悪者
ではなかった。

その特徴をよく伝えているのが、「田打車」という農具である。

この農具は、田んぼの中を押して歩くことで、田んぼの雑草を除去するもの
である。田打車は明治時代に発明された農具である。この発明によって、それ
まで人の手で行っていた「田の草取り」が、田んぼの中を押して歩くだけでで
きるようになった。

もちろん、除草剤が発達した現代から考えれば、田打車を押しながら田んぼ
の中を歩き回ることも重労働であるが、腰を曲げ這いつくばるようにして草を
取ることを思えば、大変な技術革新である。田打車は、農家の人を重労働から
解放した大発明だったのである。

ちなみに機械化が進んだ現在でも、田植えの苗を植える幅（畝間）は三〇セ
ンチと決まっている。これは、人が田打車を押して通れるように決められた幅

である。さまざまな栽培技術の開発は、三〇センチの植え幅を前提として行われてきた。

田打車は現在の稲作の基礎となった大発明でもあるのである。

この田打車には回転する鉄の爪が複数ついている。回転爪が泥をかき回して雑草の根をかき取り、取り除いた雑草を泥の中に押し込む仕組みになっている。

じつは、農家の人たちの「田の草取り」は、ヒエなどの大きな雑草は取り除いたが、小さな雑草や雑草の芽生えは泥の中に埋め込み、イネの肥料にしたのである。

田打車は、この農家の作業を行うものだったのである。

雑草は皆が欲しがる貴重な肥料だった

現在のように化学肥料もない時代のことである。

田んぼの雑草も泥に埋め込めば、イネの肥やしになる。田の草取りは、田んぼの雑草を取り除くと同時に、イネに肥料をやる作業でもあったのである。

そう考えると、雑草は困り者だが、なくてはならない存在でもある。雑草が

生えるのも困るが、生えなくても困ってしまうのである。

十七世紀に記された日本最古の農書『清良記』第七巻には、「雑草は肥料として田畑にすき込むべきものである」と書かれている。つまり、草取りは肥料を得る作業だったのである。そして、それを怠ける下農は悪魔外道であると戒めている。

日本人が草取りを一生懸命にするのは、それが収量を増やすための施肥作業でもあったからなのである。

日本の農業は集約的で、手をかければかけるほど収量は増える。肥料もやればやるほど作物は育つから、肥料にするとなれば田畑に生える雑草だけではとても足りない。

畦や土手の雑草も田畑の肥料としての利用価値があったから、人々は競い合うように草刈りをした。あまりに人々が草を欲しがるので、草を取る場所は細かく取り決められていたし、漁と同じように草刈りの解禁日も決められていた。

そして、刈られた草は将軍家に献上されるほど価値あるものでもあったのである。

「農民魂は先ず草刈りから」という言葉がある。

今の感覚で考えれば、「草刈り」というイメージがある。

しかし、草刈りは、田畑にすき込むための肥料を得るための言葉だったという。「先ず草刈りから」という言葉は、そんな風潮を戒めるための言葉だったという。

ところが、明治時代になると、高価な金肥であった魚肥や油かすなどが安易に用いられるようになる。「先ず草刈りから」という言葉は、そんな風潮を戒めるための言葉だったという。

草刈りはそれほど大切な作業だったのである。

昔は、そんな草刈り場があちらこちらにあった。ある研究によると、昔はそんな草の生えた場所が国土の三割を占めていたという。山のてっぺんまで草刈り場にしていたということも少なくない。ある研究によると、昔はそんな草の生え

悪者など、とんでもない。雑草は貴重な資源だったのである。そういえば、最近で

そんな草刈り場が「草むら」や「原っぱ」と言われた。そういえば、最近では「草むら」と呼べるような環境はほとんど見られなくなったような気もする。

日本の豊かな自然と「引き算の文化」

西洋の庭園の直線美

ヨーロッパは自然の少ないところで、自然を克服し、人間の技術で豊かさを作る。

そのため、自然にない人工的なものに価値がある。「直線」もその一つである。

ヨーロッパの庭園は直線的である。幾何学的な秩序がある模様に、シンメトリー（左右対称）なデザインを組み込んでいく。そして、色とりどりの豪華な

大輪のバラが所狭しと咲き乱れるバラ園に代表されるように、いかにも不自然な形で植物を植え込んでいくのである。

それが西洋の庭園の美しさである。

西洋文化では人工的な直線が美しいとされている。確かに、欧米の人々の思考は直線的に大きく影響していると言われることもある。これは西洋の思考法に大きく影響していると言われることもある。

である。

AであればB、BであればC、とまるで数学の証明問題を解くように、論理的に思考を展開していく。

自然の少ないところでは選択肢は多くない。

こちらには水がある、あちらには水がない。一方には食べ物がある、他方にはない。道が正しければ楽園にたどりつけるし、道を誤れば死が待っている。

こうして直線的に道を進んでいくのである。

これは、まさにAであればB、BであればCという論理的な思考である。このときに重要なのは、道を選ぶことよりも、前へ進むという「行動」である。

そのため西洋では「行動」が大切になるのである。

一方、自然が多いところでは選択肢が多い。こちらにも水がある、あちらにも水がある。どちらに進むべきか、どちらで暮らすべきか。もちろん、動かないという選択肢もある。食べ物も豊富にある。こちらを食べるべきか、あちらを食べるべきか。こんな選択の連続である。とても一直線に決めていくことはできない。そこで、「深く考える」ことや「悩む」ことが重視されるのである。

直線的な西洋、循環的な東洋

この西洋の直線的な思考法はキリスト教によるものとされているが、キリスト教は、もともと自然の少ない場所で生まれた宗教でもある。自然が少ない砂漠で生まれたキリスト教は、確かに直線的である。

キリスト教では天地創造から始まり、最後の審判で世の中が終わる。つまりは一方向である。しかし、東洋で生まれた仏教では、世界は循環する。人々は輪廻転生で生まれ変わる。年齢も六〇歳になると干支が生まれた年に戻り「還暦」を迎える。つまりは生まれたての赤ん坊に戻り、赤ん坊と同じ赤いチャン

チャンコを着るのである。

また、日本では修行を積んで力をつけていくと、究めた先は、力が抜けて自然体となることが多い。そして、見るからに偉そうだったりすごそうだったりというのはダメで、究めると凡人や子どもの感覚に近くなるというのだ。つまりは、一周回って、戻ってくるのである。

自然に近い姿を美とする日本庭園

西洋の庭園は直線や幾何学模様で造られ、自然にないような花壇やバラ園を造る。

これに対して日本はどうだろう。

伝統的な日本庭園は、あたかも自然の山野のように木を植え、池を作り、石を置き、苔（こけ）を生やす。このように自然のままの風景に近いということが、日本の庭園の美しさなのである。

盆栽も日本の文化を象徴するものだろう。

盆栽は恐ろしいほどの手間ひまをかけて、枝を曲げたり、剪定（せんてい）したりして植物を育てる。それなのに、それがあたかも自然の風景であるかのように作り上げるのである。

西洋の美は自然とかけ離れたものが美しく、日本の美は自然に近いものが美しい。

しかし、不思議である。

日本は自然が豊かな国である。家の周りにも木々は茂り、草花が咲き、苔が生えている。こんなに自然があふれているのに、どうしてわざわざ屋敷の敷地の中に同じような自然の風景を作るのだろうか。人手をかけて作る庭園なのに、どうして周りの自然と同じような風景を作ってしまうのだろうか。

自然を切り取り、自然を活かす

山の緑や紅葉は美しいが、庭園の緑や紅葉はそれにも増して美しい。

日本の庭園は自然の風景のように見えるが、決して自然のままの風景ではな

い。自然の美しさを引き出し、自然の豊かさをより際立たせるように造られているのである。

日本の自然は恵み豊かで、脅威も大きい。そのような中で、人々は自然に逆らうことなく、自然の力を利用する知恵を発達させてきた。

それは庭造りについても同じである。

豊かな自然を切り出して、屋敷の中に庭園を作る。

そして、室内から窓越しに庭園を眺め、まるで床の間の絵のように庭園の自然を切り取る。

さらには、部屋の床の間には季節の花を活ける。

こうして自然を切り取っていくのである。

日本の自然は豊かで美しい。だから、庭園もできるだけ自然そのままに見せる。茶室に飾る花も、野に咲いているように活ける。このように、まるで人の手が入っていないかのように造ることが最上の美とされているのである。

日本で「引き算の文化」が生まれた背景

西洋文化は砂漠で育まれた文化である。何もないところに水を引き、種を蒔き、植物を育てていく。何もないところから人の力で食べ物を作り上げていくのである。つまり、ゼロから積み上げていく足し算の文化である。

しかし、日本は自然が豊かである。あらゆるものがそこにある。その中から余計なものを取り除き、必要なものを切り取っていく。日本文化が「引き算の文化」であると言われるゆえんである。

日本の俳句は、世界で一番短い詩であると言われている。たった一七文字の詩である。

俳句を作るということは、言葉を省略し、余計なものを取り除いていく作業である。

しかも、この短い詩中に季語を入れなければならない。つまりは、自然を切り取らなければならないのである。

日本料理も引き算の料理である。余計な味を加えずに、食材の味を引き出すことが最上とされる。これも、自然豊かで、自然の恵みである食材が良いからこそできることである。寒冷で乾燥するヨーロッパの気候では、収穫できる野菜の種類は少ないし、質の良い野菜を作ることも難しい。このように食材が良くない場合には、西洋料理のようにソースで味を足していく調理が美味しい料理を作るために必要なのである。

日本の料理もまた、季節の葉を添えたりして、引き算した中に季節感や自然の美しさを演出する。

茶道も余計な装飾は省き、わびさびの世界を作っていくのである。陶芸の世界でも余計なものを加えない。土本来の色合い、自然のままの不完全な形が美しいとされる。

こうして日本人は引き算の文化を作り上げた。それは、持て余すほど豊かな自然があったからなのである。日本人は、引き算の文化の中で、自然の豊かさや美しさを表現してきたのである。

「何もない」のが美しい

余分なものをどんどん引き算していくのが日本の文化である。その行き着く先は、「何もない」ことである。明治時代に日本を訪れた動物学者のエドワード・モースは、日本家屋を見て、貸家にするための空き家だと思ったと評している。

日本の家屋は、畳が敷いてあるだけで、何もない。茶室や大名屋敷なども、何もなく洗練されている。一方、ヨーロッパの宮殿には豪華な家具や装飾品が所狭しと並んでいる。

日本では余分なものがないほうが美しいのである。

「何もないことが美しい」

これは日本の田畑と同じである。

日本の畑は、草が何もない状態がきれいと表現される。日本では油断すれば、すぐに雑草が生い茂り、雑草まみれになってしまう。「雑草が少しある」状態

は保つのが難しい。雑草は「何もない」状態にしておくのが賢明である。雑草だけではない。

高温多湿な日本では、放っておけばカビが生える。虫が湧く。物は腐る。日本の自然では、「ある状態をそのまま維持する」のは難しい。そうであるならば、何もないことが理想になる。これは日本の家屋でも同じなのである。

もしかすると、旺盛に変化する日本の自然が「引き算の文化」に影響を与えているのかもしれない。

日本の雑草と減点主義

西洋では、収量を増やすためには面積を増やすしかない。人の倍の面積を耕せば、人の倍の収量を得ることができる。だから努力した者は富を得た成功者となる。

一〇〇ある土地に一を余分に耕せば収量は増えるのだ。つまりは加点主義である。

一方、日本はどうだろう。多すぎる自然の恵みを減らすことが収量を増やす営みとなる。つまりは草取りである。日本の自然は豊かすぎて、作物ばかりか雑草まで生い茂らせる。その雑草を抜くことで収量を増やすのである。

抜いても抜いても生えてくる草取りという作業は、虚しい。

一〇〇の収量がある土地に、雑草が生えれば収量は七〇、五〇と減る。放っておけば雑草は生い茂り、収量はゼロになるかもしれない。草取りというのは、雑草によるマイナス分をできるだけ減らして、減点を少なくする作業である。

草取りをしたからといって、もともとの収量が増えるわけではない。完璧に草取りをしても、得られる収量は一〇〇である。どんなに頑張ったからといって、決して一〇〇以上に加点されることはないのだ。

しかし、わずかでも草取りを怠れば、収量は減る。まさに小さなミスも許されない日本の減点主義である。日本の雑草はミスを許してくれないのだ。

日本人は引き算をすることによって価値を見出してきた。日本人の減点主義は引き算の文化の思わぬ副産物と言えるのかもしれない。

欧米は、ほめることによって個性を伸ばす加点主義であるのに対して、日本

人はほめるのが下手で、ダメなところを指摘する減点主義であることが指摘されている。

減点主義に必要なのは、抜かれても抜かれても生えてくる雑草のような根性である。おそらく昔は日本人には、雑草のようなしぶとさがあった。だからこそ、叱って伸びる教育が成立していたのではないだろうか。

草取りと日本人の人生観

日本人の勤勉性と草取り

日本人は勤勉な国民として世界に知られている。

それは、欧米人が狩猟民族であるのに対して、日本人が農耕民族であるから

と言われることがある。しかし、すでに論じたように、それは違う。

農業をいち早く始めたのは西洋の人々である。メソポタミアで農業が始まっ

たとき、日本はまだ狩猟採集の生活を送っていた。

ただし、これまで述べてきたように、西洋の農業と日本の農業とでは大きく

違う点がある。西洋の農業は伝統的に大規模で粗放的である。一方、日本の農業は小規模で集約的である。この農業の違いは日本人の国民性に影響を与えているかもしれない。

日本人は稲作民族であり、この勤勉性は「稲作」によって育まれたという意見もある。しかし、これも正確ではないだろう。

稲作には、必ずしも勤勉性がいるわけではない。

たとえば、東南アジアでは、天水田（雨水だけで稲を作る田）や湿地帯で粗放的な稲作が行われている。おそらくは、これがもともとの稲作である。確かに収量を増やすためには手間ひまをかける必要があるが、勤勉でなければ作れないような作物ではないのだ。

しかし、それでも日本の稲作は勤勉でなければ成り立たない。なぜなら日本の稲作は勤勉な「草取り」を必要とするからである。

私は日本人の国民性を作り上げたのは、日本の雑草であったと考えている。

梶田正巳氏の著書『日本人と雑草』（新潮社）には、日本人の勤勉性は草取りによって醸成されたと指摘されている。私も同意見である。

怠けを許さない日本の雑草

日本は農地が豊かなので、狭い面積でもたくさんの収量を得ることができる。

しかし、農地面積が狭い理由はそれだけではない。

面積を大きくしたくてもできなかったという側面もあるのだ。日本の稲作は手間がかかる。そのため一人の人間が世話をできる面積が限られてくるのである。

そんな手間のかかる稲作の中でも、もっとも手がかかるのが「田の草取り」である。

何しろ、雑草は抜いても抜いても生えてくる。だからといって抜かないわけにはいかない。田の草取りをしなければ、雑草はみるみるうちに繁茂して、イネの成長を妨げてしまう。

これまで紹介したように、日本の農業は手をかければかけるほど大きな実りを得ることができる。しかし、草取りをしなければ収穫はゼロになってしまう。

しっかりと働けば働いただけ、収穫が得られる。しかし、働くことをやめれば収穫は皆無である。

怠けることを許さない。手を抜くことを許さない。それが日本の雑草である。

この雑草との戦いが、一つ一つの仕事を手を抜かずにていねいに行う日本人の勤勉性を育んできたのではないだろうか。

草取りと生産性

すでに紹介したように、草取りは「雑草を取り除く」と同時に、「草を肥料にする」という作業である。

この作業は、手を抜くことができない。しかも、複雑な仕事は人手で行うしかない。

そのため、二倍の量の草取りをしようと思えば、倍の時間をかけるしかない。同じ時間で行うとすれば、倍の人数で行うしかない。

草取りとはそんな単純作業なのだ。とにかく人手をかける。それが日本人の

勤勉性である。コツコツと手を抜かずにやるという面ではそれは優れているが、ともすれば、生産性を上げるには人手と時間をかけることだという風潮にもなりやすい。

日本人はワーカホリック（仕事中毒）と世界から揶揄されるほど、サービス残業が多く、労働時間が長い。それなのに、日本人の労働生産性は先進国の中では低いとされているのである。

こうした、がむしゃらな勤勉性は、もしかすると草取りによって育まれたものかもしれないのである。

休むことが下手な日本人

日本人は休むことが下手である。

週に一度、日曜日を休むというのは、西洋から導入された習慣だ。キリスト教は安息日を大切にする。キリスト教では労働は神に対する奉仕であったり神から与えられた罪であると考えられている。いずれにしても、働い

た後には休憩が必要なのである。

　そのため欧米の人々は休むのが上手である。　夏休みやクリスマス休暇などには何週間もバカンスに出かけるのである。

　一方、日本人にはどこか、休むことは「悪いことである」という罪悪感がある。

　日本では、働くことは生きることそのものである。

　日本の古代の神々は、山で狩りをしたり、魚を釣ったり、機（はた）を織ったりしている。つまりは働いているのである。

　日本では、儒教や仏教の影響を受けて、働くことは天の恩恵に報いることであったり、徳を積むための修行であったりする。そのため、それを止めることは許されないのである。

　もっとも、休まないといっても、ずっと働き続けるにも限度がある。

　区別することの得意な欧米人は、働くことと休むことをメリハリをつけて区別するが、あいまいなことが得意な日本人は、働くことと休むことを区別しない。休むこともないが、だらだらと働いているという言い方もできる。

農地を休ませる西洋、農地を働かせ続ける日本

「働く」「休む」は、農業の違いにも表れる。

ヨーロッパの農地には必ず休閑地がある。作物を栽培せずに農地を休ませないと、地力がやせてしまう。土地を十分に休ませて地力を回復させるのである。

農業でも「休む」ことが大切なのだ。

一方、日本はどうだろう。

日本の農地は地力が高いので、落ち葉や刈り草などの豊富な植物資源を利用して堆肥を作れば、土地を休ませなくても作物を栽培できる。

前述のように、日本には二毛作がある。ヨーロッパでは、土地を休ませながら数年に一度しかムギを作ることはできないのに、日本では一年のうちに同じ土地でイネとムギの両方を作ることができるのである。

また、畑では季節に応じてさまざまな作物や野菜を育てることができる。日本の農業でのローテーションは、休ませるというよりも、いかに土地を働かせ

るかということにある。

ヨーロッパは土地を休ませることで多くの実りを手にすることができる。一方、日本では土地を働かせれば働かせるほど多くの実りを手にすることができるのだ。

これは日本の土地の話である。しかし、どこか日本人の働き方と似ていないだろうか。

日本人は趣味や遊びにも「道」を求める

日本人は「道」（みち）が好きである。剣道、柔道、弓道などは、その代表だろう。日本では、すべてのものは、努力し、究めていけば「道」となる。相撲や野球も、相撲道や野球道となる。

それどころか、コレクターやオタク、マニアなどの趣味も、究めれば日本では「道」となる。

「道」が登場する背景にも働き方が関係しているのではないだろうか。

　西洋の人々は、仕事とバカンスがセットである。

　しかし日本人は、働くことと休むことを分けることができない。日本では、働かなければ雑草が生い茂る。つまり、休むことができない。さらに日本では、土地を働かせれば働かせるほど、つまり人が働けば働くほど得るものが大きい。

　とても休んでいる暇はない。

　そこで登場するのが「道」である。

　人間は働いてばかりいるわけにはいかない。しかし、日本では休んでいるわけにもいかない。そこで趣味もまた、休息ではなく、生きるための「道」とするのである。

　たとえば、普通は、お茶を飲むことは休息することである。ヨーロッパでは楽しく談笑し、ティーパーティを行う。しかし、日本ではお茶を飲むこともまた道となる。「茶道」である。

　将棋や囲碁はゲームである。チェスやポーカーをするのと同じように、遊戯である。しかし、日本では「棋道(きどう)」となる。花を楽しむことも「華道」となる。

　こうして、日本人は遊びの中にも「道」を求め、「道」を究めてゆくのであ

日本の農業が育んだ「道」の哲学

欧米では、農地面積を広げていくことが実りを増やすことにつながる。その
ため、外へ外へと面積を拡大していく。外へ出ていくことが新たな価値を発見
することになるのだ。

一方、日本では同じ土地に手をかければかけるほど、実りが増えることにな
る。土地を耕し続け、草を取り続け、土作りを続けていくことが、新たな価値
の発見につながる。

この日本の農業のやり方は、まさに「道」である。

日本で「道」と呼ばれているものは、奥が深く、究めにくいものばかりであ
る。

茶道などは、言ってしまえば、単にお茶を入れるだけのことである。それな
のに、精進しても精進しても究めきれない奥深さがある、と日本人は考える。

「遊び」が大好きな日本の神々

日本人にとって「遊び」とは何だろう。それは休み方を知らない日本人には欠かせないものである。

日本では遊びは神々を喜ばせるためのものである。

日本の神々は喜怒哀楽を持つ、人間的な存在である。人々は正月には酒を飲み、ご馳走を食べる。これは神と共に食事を楽しむ「共食」である。

四月には桜の下で花見をする。桜はもともと田の神が下りてくる依代である。

お花見も、神との共食なのである。

また、神の前では歌ったり踊ったりする。これは「神楽」と呼ばれている。田んぼでは五穀豊穣を祈って踊る。

つまり、神を楽しませるためのものである。

的を射る弓道も、矢を引き絞って放すだけの単純なものである。

単純なことに深さを見出していく「哲学」あるいは「美意識」が、日本人にはある。それは日本農業の特質から来たものだと私は考える。

これは「田楽」や「田遊び」と呼ばれている。

神社では相撲を取って神に奉納する。場合によっては、人間が神さまと相撲を取るという神事もある。

日本の神々は遊ぶことが大好きである。

昔、天照大神が天の岩戸に隠れてしまったとき、神々は岩戸の前で楽しげに歌ったり踊ったりして笑い合った。その楽しそうな様子に天照大神はそっと岩戸を開けたのである。

日本の神々は休まないが、遊ぶ。だから、日本人も休むことは下手でも、よく遊んだのである。

働くことが遊ぶことだった日本人

日本人は働くばかりではない。

たとえば、昔の田植えはどんな様子だったろう。

機械のない昔は、田植えは重労働だったはずである。しかし、田植えのとき

には、男たちは太鼓や鐘を打ち鳴らし、にぎやかに笛を吹いて踊りながら、田植え囃子を響かせた。そして、早乙女（田植えをする若い女性）たちも田植え唄を歌いながら、リズムよく苗を植えたのである。

確かにお囃子や唄は、田植えのテンポをよくするためのものだったかもしれない。

しかし、笛や太鼓を鳴らしている時間があったら、男たちも田植えを手伝えば生産性は倍になる。なるほど、田植えは神事として、豊穣の象徴である女性の仕事だったという一面はあるものの、神聖な作業だから男性は手伝えないのだという考え方そのものが、ずいぶんと余裕のある話である。本当に重労働で人手が足りないとしたら、男はダメだと言ったり、楽器を鳴らしたり踊ったりするような余裕はなかったのではないだろうか。

また、日本人は昔からより良いイネを選抜し、イネの品種を改良してきた。少しでも成長が良いイネや、収量が取れるイネ、寒さに強いイネを作り出してきたのである。

一方で、日本人は盆栽用のイネや、穂が美しい観賞用のイネも選抜してきた。

主食として重要なイネなのに、食べることとは関係のないイネの品種を作っているのである。何という遊びだろう。

日本人にとっては、働くことも、暮らすことも、遊ぶことも、明確に区別できるものではなかった。そして、働くことが遊ぶことであった。

そして、遊ぶことが働くことだったのである。

本当は、日本人は遊び上手だったのだ。

稲作・自然災害と、日本人の協調性

個人より集団を重んじる日本人

有名なエスニックジョークに次のようなものがある。

ある船に火災が発生した。船長は乗客を海に飛び込ませるときにこう言った。

イギリス人には、「紳士はこういうときに飛び込むものです」

ドイツ人には、「規則では海に飛び込むことになっています」

イタリア人には、「さっき美女が飛び込みました」

アメリカ人には、「海に飛び込んだらヒーローになれますよ」

そして、日本人にはこう言うのである。「みんなもう飛び込みましたよ」

フランス人には、「海に飛び込まないでください」

日本人は個人よりも、集団の一員であることを大切にする。みんなが飛び込むのであれば、みんなと同じでなければならないのだ。

自分のことよりも、会社の一員であることを重んじる。自分は仕事が終わっていても、周りの人たちが残業をしていれば、自分だけ帰るようなことはない。

最近では少なくなったが、高校野球は連帯責任だ。誰かが不祥事を起こせば、みんなで責任を取る。社員の失敗は上司の失敗であり、社員が不祥事を起こせば社長が頭を下げる。

逆転ホームランを打ったヒーローは、「ホームランが打てたのはチームメイトのおかげ。勝つことができたのは、応援してくれたみなさんのおかげです」と言う。誰が見てもホームランを打ったのは、個人の努力の賜物であり個人の手柄であるが、日本では「みんなでやり遂げた」と考えるのである。

「苦しみを分かち合う」という日本文化

しかし、不思議である。　欧米では個人主義とは言いながら、誰かが残業をしていればそれを手伝う。

日本人には、手伝うという発想はあまりない。手伝うのではなく、「残業で帰れない」という苦痛を共有しようとするのである。「手助けする」という行為に表さないのが特徴である。

新渡戸稲造の『武士道』の中には、いかにも日本人らしい仕草が紹介されている。

女性宣教師（外国人）が夏の炎天下で知り合いの日本人の男性と出会ったときのこと。男性は日傘を差していたが、立ち話をしている間は傘を下ろしていた。このとき、女性宣教師は、どうして男性が差していた傘をわざわざ下ろしたのか理解できなかったというのである。

暑い中、自分だけ日傘を差しているわけにはいかない。傘を閉じるのが礼儀であろう。日本人からすれば、ごく自然な振る舞いである。

しかし、せっかく日傘があるのなら、二人とも暑い思いをする必要はない。男性がそのまま差していてもいいし、もし女性を気遣うのであれば、女性に日傘を貸してもいい。そうすれば、どちらか一人は日傘で暑さを避けることができる。これが合理的な考え方である。

日本では違う。どちらかが暑さを避けているという状況は望まない。どちらも炎天下で暑さを分かち合う。たとえ非合理的であっても、この「分かち合う」ということが日本人にとっては重要なのである。

西洋の人間は個人がしっかりしている。個人として周りと関係を持つのである。

しかし、日本人は自分と相手の区別を作らないのである。

明治期に日本に輸入された「個人」という概念

前章では、日本には「自然」という言葉がなかったことを説明した。

今、私たちが当たり前のように使っている言葉の中には、江戸時代以前には
なかった言葉がたくさんある。明治期にそれまで日本になかった概念が大量に
輸入され、次々に翻訳されて言葉が作られていったのである。

たとえば、「科学」や「政治」「自由」「法律」などは明治時代に翻訳されて
作られた言葉である。

そんな明治時代に翻訳された言葉に、「個人」がある。驚くことに、個人と
いう概念は日本になかったのである。

個人というのは、自然や社会から独立した「個」の存在を意味する。しかし、
日本では自然の中に人があり、社会の中に人がある。つまり、自然や社会から
切り離された「個人」という概念はなかったのである。

それでは、どうして西洋では個人という概念が生まれたのだろうか。

すでに紹介したように、キリスト教では、神との契約によって個人の存在が
約束される。この神との契約者が個人なのである。こうして、西洋では個人を
単位とし、個人を尊重する個人主義が発達した。

一方、日本ではさまざまなつながりの中に自分がある。

日本には家という単位がある。英語では自分のことを「I」と言うが、日本では子どものいる人は自分のことを「お父さんは」「お母さんは」と言う。会社というつながりの中では、部長や課長などの肩書で呼ばれる。

祖先からの世代のつながりもあり、社会の中でのつながりもあり、近所でのつきあいもある。こうした、つながりの中に自分があり、明確な個人はない。

それは、「自然（ネイチャー）」という概念がなく、人と自然の境目がなく、自然の中に包まれて自分が存在していたのに似ているかもしれない。

チームプレーにも優れる西洋人

日本人は集団行動が得意だと言われる。それは本当だろうか。

たとえば、欧米の人々が得意とするスポーツはチームスポーツが多い。その一例はサッカーだろう。

確かに日本人も、個人技ではなく組織力で戦うサッカーを得意とするとは言われるものの、それでもヨーロッパの強豪チームの組織力にはなかなか及ばな

い。

日本人は皆で田植えをする農耕民族だから集団行動を得意とすると言われる
が、そもそも恐ろしい野生動物相手の狩りのほうがチームプレーを必要とする。
役割分担しポジショニングをしながらゴールを狙うサッカーというスポーツは、
まさに狩猟を思わせる。

もっとも、すでに紹介したように、狩猟採集生活からいち早く農業を始めた
のは西洋人のほうだった。そして、乾燥地帯に水を引いて畑を作るという農業
の最初の作業は、集団行動なしでは成り立たなかったはずである。

日本人の協調性と稲作

日本人は協調性があり、集団行動を得意とすると言われるのは、稲作がある
からである。

確かに、イネを育てるためには共同作業をしなければならない。川から水を
引けば、すべての田んぼに水が入るから、同じ時期に田植えをすることになる。

また、田植えは一人ではできないから協力して行うことになる。

しかし、共同で川から水を引かなければならないのは水田作だけではない。畑でも同じことだ。特に、砂漠のような乾燥地帯のほうが、水を引くためには力を合わせる必要があるだろう。むしろ、日本のように雨が多い地域のほうが、昔は雨水だけでイネを育てる天水田もたくさんあった。

整列してきれいに田に苗を植えるようになったのは明治以後の話である。それまでは、田植えは目見当（めけんとう）で植えていく乱雑植えであった。別に一列に並んで几帳面に田植えをする必要はないのだ。

実際に、世界では今でも乱雑植えをしているところも多い。

また、同じように田植えをする韓国や中国でも、日本のような集団主義はない。どちらかというと、「大陸的」と称される個人主義である。確かに稲作は集団で行う作業が多いが、それだけで集団主義が育まれるわけではないのだ。

一方、日本を見ると、田んぼを拓くことができない山間地では、稲作ではなく畑作が行われていた。そういう地域があっても村の人々は結束していた。これは、田植えによって集団日本人は村で結束し、協力して田植えをした。

性が育まれたのではなく、集団行動を得意としていたから協力して田植えをしたのだ。

それでは、日本人の協調性は何によって育まれたのだろうか。

私は、度重なる自然災害によって育まれたのだと思う。

幾たびもの自然災害が日本人の気質を作った

日本は世界でも稀に見る天災の多い国である。日本列島ができて一万年。日本人は幾たびもの災害に遭遇し、それを乗り越えてきた。

科学技術が発達した二十一世紀の現在でも、私たちは災害を避けることはできない。

毎年のように日本のどこかで水害があり、日本のどこかで地震の被害がある。

現在でもこれだけの被害があるのだから、防災設備や予測技術がなかった昔の日本であればなおさらだろう。

長い歴史の中で、日本人にとって災害を乗り越えるのに必要なことは何だっ

たのだろう。それこそが、力を合わせ助け合うという協調性だったのではないだろうか。

東日本大震災のときに、日本人はパニックを起こすことなく、秩序を保ちながら長い行列を作った。被災者どうしが思いやり、助け合いながら、困難を乗り越えたのである。

その冷静沈着で品格ある日本人の態度と行動は、世界から賞賛された。

災害のときに、もっとも大切なのは助け合うことである。人は一人では生きていけない。ましてや災害の非常時にはなおさらである。

短期的には、自分さえよければと利己的に振る舞うことが有利かもしれない。しかし、大きな災害を乗り越えるためには助け合うことは欠かせない。繰り返される災害の中で助け合うことのできる人は助かり、助け合うことのできる村は永続していったのだろう。そして、世界が賞賛するような、協力し合って災害を乗り越える日本人が作られたのである。

日本人の協調性を育んだのは、決して稲作だけではないだろう。おそらくは度重なる災害が日本人の協調性を磨き上げた。

そして、その協調性によって、日本人は力を合わせて稲作を行ってきたのではないだろうかと筆者は思うのである。

日本の豊かな植物と
日本人の「新しもの」好き

石造りの西洋建築、植物を多用する日本建築

日本は歴史と伝統を誇る国である。しかし、町並みを見れば、常に新しく生まれ変わっていく。確かに伝統的な町並みも各地に見られるが、それらは景観保全地区に指定されていたり、昔の町並みを再現したものが多い。

それに比べると、ヨーロッパの町はどこを見ても伝統的な古い建物が並んでいる。十九世紀の建物が今もアパートやオフィスなどとしてそのまま使われていることも多い。農村を見れば、中世のヨーロッパを思わせるような伝統的な

町並みがそのまま残されている。流行の発信地であるニューヨークでさえも二十世紀初頭の古い時代の建物が見られる。

日本はどうだろうか。第二次大戦後に建てられた建物さえ惜しげもなく壊され、新しい建物が次々に建てられていく。東京や大阪など大都市の変化は目まぐるしい。農村へ行けば築数百年という農家もあるが、屋根は葺き替えられ、部屋の中も今風にリフォームされている。しかも、周囲には大型スーパーやレジャー施設が立ち、よほど近代化している。

確かに、世界最古の木造建築という説がある法隆寺のように、日本の寺院なども古いものが多くある。しかし、ヨーロッパには町や村ごとに古い教会があることを考えると、見劣りする。

日本の家屋は木造だから傷みやすい。西洋の建物は石造りだから残りやすいのではないかという意見もあるだろう。日本の家屋は有機物である植物で作られている。古いものを新しくするのは仕方がない。

だから長期保存は難しいのだ。

日本の家屋は「木と紙でできている」と揶揄される。木と紙は古くなるから

新しくしなければならない。茅葺きの屋根も、畳や障子も、定期的に新しくする。

日本の家屋は常にメンテナンスをして新しくしなければ、傷んで古くなってしまう。だから新しくしていく。

そして、新しくすることで日本人は気分を新たにするのである。

「新しいもの」に価値を見出す日本人

日本人は古いものを大切にすると言われる。確かに、日本は歴史と伝統を誇る国である。しかし一方で、新しいものが好きで熱しやすく冷めやすい国民であると言われることもある。「新品に価値がある」。じつは、これこそ日本の価値観であると私は思う。

そういえば、「女房と畳は新しいほうがいい」ということわざもあった。

たとえば、日本ではアパートやマンションは新築物件が人気だ。だから新築にするために何度も建て替える。

日本人は、何年か経つと新車に買い替える。欧米では日本だととっくに廃車になっているような中古車が平気で走っているのに比べると大きな違いだ。新商品や新製品に目がなく、ヨーロッパで古い家電製品が大事に使われているのに比べると、古くなったらすぐに買い換えてしまう。

もちろん、税制や生活事情も違うから一概に比較はできないが、欧米では中古の車や住宅などが日本より価値あるものと考えられているのは事実だ。

新しいもの好きであると同時に、熱しやすく冷めやすいというのも、日本人の特性として言われていることだ。

とかく日本人は新しいものが好きなのだ。

木の文化を育んだ日本の自然

伊勢神宮は、二〇年に一度建て替える「式年遷宮（しきねんせんぐう）」を行う。このような建て替えは諏訪大社や出雲大社でも行われている。

こうして日本人は常に新しいものを作り続けてきたのである。

建造物を新しくするという作業が行われたのは、単に木造だったからだけで
はない。木材や畳や障子の材料である植物が豊富にあったからこそ可能だった
のである。

日本では、木は伐っても伐ってもすぐに生えてくる。茅屋根のための茅や、
畳や紙の原料となる草もすぐに生えてくる。だからこそ植物をふんだんに使っ
た家屋を作ることができたのである。

ヨーロッパでは森の木を伐るとなかなか元には戻らない。

昔はヨーロッパも深い森に覆われていた。しかし、長い歴史の中で森が次々
に失われて不毛の地と化していったのである。森の少ない西洋の人々にとって
木材は貴重であった。だから石で建物を作ったのである。

ちなみに、ヨーロッパの農村風景が統一されていて美しいのは、その土地で
切り出された石の色が決まっているからである。

「初物」は「おいしい」

日本人の「新しもの」好きは、やむにやまれぬ部分もある。日本では食材の鮮度が重視される。野菜や魚は新しいほうがよい。これは当たり前である。高温多湿な日本では、すぐに腐ったり傷んだりしてしまう。だから新しいほうがよいのである。

一方、肉やチーズは熟成したほうがよいと言われる。気温の低いヨーロッパでは発酵が遅い。じっくりと時間をかけたほうがおいしくなるのである。

しかし、日本では何が何でも新しいほうがよいという風潮もある。たとえば、お茶は熟成したほうがおいしい。しかし、日本では「新茶」の若葉のような香りが好まれる。ヨーロッパのワインは古ければ古いほど価値があるが、日本酒は「新酒」のほうが人気だ。

新米や新そばという言葉もある。新米は白米の中に少しくらい未熟な緑色の米があるほうが人気だという。そばも熟成したほうがおいしいと言われるが、

早く出回ったものを食べるのが「粋」というものだ。そういえば、初鰹や初鮭（はつがつお）など初物も重んじられる。これも日本人の新しもの好きゆえだろう。

豊かで再利用もできる日本の植物資源

昔の日本では衣食住のありとあらゆるものを植物から作った。植物で作ったものは傷む。ましてや日本は高温多湿だから傷むのも早い。しかし、豊富な植物資源を使って常に新しいものに更新できる。ゆえに日本では古くなったものを新しいものと取り替える。

植物の少ないヨーロッパでは靴は家畜の皮で作った。動物の皮は古くなるほど柔らかくなり、使いやすくなる。そのため靴磨きをしてメンテナンスをしながら長く履き続けたのである。

一方、日本の履物であるわらじは、藁でできている。藁はイネの茎である。昔、東海道を旅した人は一日に何足もわらじを履き替えたという。そして古いわらじは捨てていっ

たのだ。もっとも、古いわらじも藁なので、捨てられたわらじは近隣の農家が持ち帰って肥料にした。植物は捨てられても資源である。ゴミではなかったのだ。

割り箸も日本人の新しもの好き文化を象徴する品物である。割って初めて使うことのできる箸は、その箸が新しいものであることの証明だった。そして、ハレの日や大切な客人には新しい割り箸を出したのである。

新年を迎える門松や注連縄（しめなわ）は、毎年、新しいものに作り替える。また、祭りに使う神輿（みこし）などは、もともとは川や海へ流して毎年新しいものに作り替えた。こうして日本人は古くなったものを捨てて、新しいものに取り替えていったのである。

残念ながら、このような日本人の新しもの好きは、現在の使い捨て文化の基層となっているかもしれない。しかし、昔の人々が使い捨てていたのは、捨てても土となり、また何度でも生えてくる植物であり、持続的に再利用できる資源だったのである。

新しいものへの「変化」を尊ぶ日本人

日本人が新しもの好きということはない、日本人は昔から古いものを大切にしてきたではないか、という意見もあるだろう。

確かにそうである。日本人はすべてのものを新しくしてきたわけではない。

しかし、日本人は古いものを守りながらも、「変化」することを尊んできた。

たとえば、焼き物の萩焼は、長く使い込むほどに色が変化していく。床の間の床柱も、年季を経てだんだんと美しさを増してくる。漆器も使い込むと独特の風合いが出てくる。この変化こそが日本人の好む味わいである。

このように、時間を経るうちに新しいものに生まれ変わっていくものを日本人は愛したのである。

日本人は変化を楽しむことができる国民なのだ。

それでは、日本人にとって「変化」とは何なのか。いよいよ日本人の本質に迫ってみることにしよう。

せっかちで辛抱強い日本人を生んだ背景

電車の遅れを許せない日本人

日本では電車が時刻どおりに運行される。当たり前のように思えるが、これは世界ではとても珍しいことである。時間どおり運行する日本の技術もさることながら、これには日本人の性格も影響しているだろう。

電車が数分も遅れればアナウンスが流れ、電車の遅延を詫びる。これは、数分の遅れにもいらつく人がいるからなのだ。

山手線などは、数分も待てば次の電車がやってくるのに、それさえ待てずに階段を駆け上がり、駆け込み乗車をする。

「せまい日本、そんなに急いでどこへ行く」という標語が昔あったが、まさにそのとおりだ。

とにかく日本人は待つことができない。電車が遅れれば、駅員に詰め寄り文句を言う人が現れる。

しかし、欧米は違う。

大陸的と言ってしまえばそれまでだが、欧米では電車が多少遅れたくらいでは誰も動じない。いらついているのは日本人くらいのものだ。

とかく日本人はせっかちである。

何もしないということは、日本人には拷問に近い。何週間もバカンスを取れば、多くの日本人は全部予定で埋めてしまうことだろう。

たまに休みをとって旅に出ても、一か所でも多く観光をしようと忙しく各所を巡る。

どうして日本人はこんなにも「せっかち」なのだろうか。

変化が激しい日本の自然

　日本の自然は変化する。日本ほど四季の変化の大きい国はない。日本は大陸の東端にある島国である。そのため大陸の気候と海の気候の両方の影響を受ける。

　日本の北側の大陸には冷たくて乾燥したシベリア気団があり、北側の海の上には湿ったオホーツク海気団がある。一方、日本の南側には暖かく乾いた揚子江気団があり、南側の海の上には湿った太平洋気団があるのである。

　その複雑な気団の影響を受けながら、日本には季節風が吹きつける。冬には大陸から北西の風が吹き、逆に夏には南東の風が吹くのである。この季節風の違いによって、夏には暖かく湿った風が高温多湿の気候を作り、冬には北西の風が日本海側に大雪を降らせ、太平洋側は乾燥した天候になる。そして、冬と夏の間には気団が移り変わり、梅雨前線や秋雨前線を作る。

　こうして季節風が変化し気団が移り変わることによって春夏秋冬の変化がは

つきりするのである。

しかし、季節の変化が大きいということは変化のスピードが速いということでもある。

日本人が待ち焦がれる桜の開花も、瞬く間に満開となり、やがて散ってしまう。お花見を楽しめる期間はほんのわずかなのである。

こうして日本の季節は日々移り変わっていくのである。

相乗効果で日本人も雑草もせっかちに

季節の移り変わりが激しいばかりか、高温多湿で植物の生育に適した日本では、植物はみるみる成長し、そして朽ちていく。日本人の変化を見る目が鋭敏になったのも当然である。

しかし、変化していくのは優雅な季節の風景だけではない。

日本では、雑草もまた生育が旺盛である。一日一日伸びていき、あっという間に生い茂ってしまう。せっせと取り除かないと、田んぼや畑が征服されてし

まう。

今日草取りをしなければ、明日は草が伸びてしまう。一週間もすればぐんぐん伸びて大変なことになる。雑草は待ってくれないのだ。とても悠長に過ごすことはできない。

これでは日本人が「せっかち」になるのも無理はない。

日本人がせっかちなのは、目まぐるしい変化に対応するためであるし、予測不能な変化の中で培われてきた気質でもある。

それに、雑草もまたせっかちである。

雑草は予測不能な環境に生きる植物である。いつ耕されるかもわからないし、いつ草取りをされるかもわからない。

そのような変化に対応するために多くの雑草が共通して持っている特徴がある。

それは開花までの成長が早いということである。

明日何が起きるかわからない環境では、のんびりじっくり成長している暇はない。一気に成長して花を咲かせて種子を残さなければ、命をつなぐことがで

きないのである。ゆえに雑草は成長が早いのだ。

人間が草取りをすればするほど、より早く花を咲かせる個体が生き残るようになる。つまりは、人間が成長の早い雑草を選抜しているようなものだ。

こうして、せっかちな雑草の成長がせっかちな日本人を作り、せっかちな日本人の草取りがさらにせっかちな雑草を発達させていったのである。

はかなさに価値を見出す

松尾芭蕉は「夏草や兵（つわもの）どもが夢の跡」と詠んだ。

日本の雑草は生育が早い。

栄華を誇った都も、やがて雑草が生い茂り、荒れ果てる。人々が血を流した戦場も、雑草が覆い、緑の大地となる。

花は咲き、雑草は散る。草は生い茂り、風景を変貌させていく。そして、風景もまた変化していく。二度と日本の自然は常に変化していく。

日本の自然や風景も、眺めていればそのこと同じ時が戻ってくることはない。

は肌でわかる。

松尾芭蕉は夏草に、時が移り人の世が変化していくさまを見た。そして、人の世のはかなさを詠んだのである。

常に変化していく自然。そんな自然を見たとき、人々は刹那を感じずにいられない。「今」の大切さを感じずにいられない。

日本人は、豊かな自然の一部を切り取って文化を作り上げたように、変化する時間もまた切り取った。

茶道や華道では季節感を大切にして、季節を先取りした花を飾る。四季の移り変わりを愛し、季節を愛することを尊ぶのである。そして、「一期一会」という瞬間の出会いを大切にし、花期が短い桜を愛した。

日本人は変化する不安定さの中に価値を見出してきたのである。

仏教では「諸行無常」と説く。

「諸行無常」とは、「この世に形あるすべてのものは同じ状態を保っていない。不定であり、絶えず変化している」という意味である。

この教えは、日本人にとっては決して難しい話ではない。自然の中に生きる

日本人が日々感じてきたことだったはずである。

外圧を受け入れ発展してきた日本

日本人は閉鎖的であると言われる。

日本人は小さな島国で二〇〇年以上も鎖国を続け、狭いムラ社会の中で先祖伝来の土地を耕し続けてきた。そんな日本人は、変化を好まない民族であると言われる。

現在でも、日本人は保守的だ。自ら動くことはなく、外国から圧力をかけられると、やっと重い腰を上げて変えていく。

しかし、日本人は本当に変化を好まないのだろうか。自ら進んで変革を起こすことは少ないかもしれないが、日本は、外から来る変化を進んで受け入れることによって発展を遂げてきた。

日本は有史以来、大陸の文化を受け入れてきた。稲作も受け入れたし、仏教も儒教も受け入れた。

明治維新以降は、西洋の文化を積極的に取り入れ、近代化を図ってきた。本書でも西洋と東洋は根本から異なると論じてきた。しかし、日本はその異質な西洋の文化や考え方を大きな混乱なく取り入れて、短期間で西洋風の近代国家を作り上げたのである。

第二次大戦後は、敵国であったはずのアメリカの文化さえ抵抗なく取り入れていった。

日本人は変化を恐れない。むしろ変化を受け入れることによって発展を遂げてきた国民と言えるだろう。

日本人の順応性と雑草

そして、日本人にとっては身近にある大きな変化がある。

「天災」である。

日本は災害の多い国である。一寸先は闇、いつ何が起こるかわからない。とてもゆっくりと休んでいる暇はないのだ。

　そんな危機感は日本人をますます「せっかち」にさせたかもしれない。日本人は生き急いでいると言われるかもしれない。しかし、常に生存の危機に怯えながら、一瞬一瞬を大切に生きてきたのである。

　しかし、である。

　大きな変化である天災が起きたとき、日本人は強さを発揮する。

　東日本大震災のときに、日本人はパニックを起こすこともなく、秩序を保ち長い列を作った。

　数分の電車の遅れが待てなかった人々が、いざ災害となれば、長い行列を作り、じっと救援物資を待ち続ける。

　日本人は一瞬の時間も惜しむが、いざ天災となれば動じない。これが災害大国に住み、災害を乗り越えてきた日本人が培ってきた気質である。江戸は、大雨や地震などの天災以外にも、木造家屋の密集による大火も頻繁に起こった。まさに、何が起こるかわからない状況だったのである。

　江戸っ子は「宵越しの銭は持たない」と言われるほどの、刹那的な生活を送

っていた。

ずいぶん奔放な暮らしにも思えるが、明日になれば災害で何もかもなくなるかもしれないということを考えれば、今日の財産を今日使うことは極めて合理的でもある。まさに昔の人々の知恵とも言えるだろう。こうして日本人は刹那に「今」を大切に生きてきたのである。

しかし、そんな江戸っ子たちが見せる、災害に対する沈着さと、わずか数日で家を建ててしまう復興の早さは、幕末に日本を訪れた西洋人を驚かせた。日本は災害の多い国である。しかし、それだけ日本人は災害に強い国民でもあるのである。

「変化」は日本人の姿を作り上げてきた重要な要素である。

そんな日本人の姿は、まさに「雑草の生き方」そのものであると私は思う。日本人は雑草に似ている。そして、雑草は日本人によく似ている。

それでは、雑草と呼ばれる植物はいったいどんな性質を持っているのか。雑草の生き方を見てみることにしよう。

第三章

雑草のように、しなやかに

雑草が持つ「弱さという強さ」

日本人は雑草と似ている

「日本人論」や「日本文化論」のように、これほどまでに海外と自国を比較するのが好きな国民も珍しいと言われている。

もとより、本書もその一部を占めるものだが、筆者があえて日本人を論ずるとすれば、こう言うことができるだろう。

日本人は「雑草」とよく似ている。

これが私の結論である。

雑草の「強さ」とは何か

「日本人は雑草によく似ている」。そう言われてもピンとこないことだろう。日本人と雑草の特徴を比べる前に、まずは雑草がどのような植物なのかを知ることにしよう。

雑草と聞いたときに、読者はどのようなイメージを持つだろうか。

草取りに悩まされている人にとっては「やっかいでしつこい」という印象が強いだろう。あるいは、「たくましい」と好意的なイメージを持たれる方もいるかもしれない。

いずれにしても、「雑草は強い」というのが多くの人の共通したイメージではないだろうか。

しかし、植物学の分野では、雑草は強い植物ではない。むしろ弱い植物とされているのである。

弱い植物である雑草が、どうして強く生きているのか？　強さとは何か？

これが本稿のテーマである。

雑草が弱いというのは、競争に弱いということなのである。自然界では激しい生存競争が繰り広げられている。強いものが生き残り、弱いものが滅んでいく、これが自然界の厳しい掟である。

雑草は、強い植物が生えているところには生存できない。豊かな森の中は、植物が生存するのに適した場所である。しかし同時に、そこは激しい競争の場でもある。競争に弱い雑草は深い森の中に生えることはできないのである。

雑草は、強い植物が生えない場所を選んで生えている。

雑草は、何気なく、どこにでも生えているような感じがするかもしれないが、そんなことはない。

よく人に踏まれる道ばたや、耕されたり草取りをされる畑のような環境は、植物にとっては相当に特殊で過酷な環境である。このような場所には強い植物は生えることができない。あるいは、もし生えたとしても、強い植物はその強さを発揮できないだろう。

雑草は、そのような場所に生える。強い植物が生えることのできないような環境に適応して特殊な進化を遂げた植物、それが「雑草」なのである。

日本人の「判官びいき」

誤解を恐れずに言えば、日本人は弱者を愛する国民である。

日本には「判官びいき」という言葉がある。

判官とは、九郎判官、すなわち源義経のことである。

源平の戦いで武功をあげながら、その功績を認められず悲運の死を遂げた義経は、古くから日本人に愛されてきた。義経のような弱い立場の者に同情し、応援する傾向が日本人にはあるのである。

高校野球を見るときも、郷土のチームやひいきのチームでなければ、とりあえずは負けているほうを応援する。そして、負けているチームのあきらめない姿に心を打たれ、奇跡の逆転劇を願うのである。勝負が決まれば、日本人は敗者に惜しみない拍手を送る。

ともすれば、日本人の多くがメディアを挙げて弱小高校を応援し、強豪チームがあたかも悪者の敵役であるかのように仕立てられてしまうことも多い。

本当は、勝者こそが称えられるべきヒーローなのである。強いチームは、弱いチームよりも厳しい練習を乗り越えてきたから勝利をあげたのかもしれないし、野球エリートたちが全国から集まってきたチームだとすれば、それこそ小さいころから野球漬けの日々を送ってきた少年たちが厳しい競争の中で苦しみもがきながら成し遂げた勝利なのかもしれない。

そうはわかっていても、敗者へ思いが傾きがちなのが日本人である。

ヒーローを愛するアメリカや、権威を重んじるヨーロッパの国々であれば、間違いなく勝者に最大限の賛美を送ることだろう。しかし日本人は、なぜか敗者に勝者以上の拍手を送るのである。

「弱者の強さ」をこそ愛する

もちろん、義経もかつては勝者になっているし、甲子園出場チームは地方予

選を勝ち上がってきた強者である。ただ弱いから応援するというものではない。

日本には、「小よく大を制す」という言葉がある。

大相撲で小兵の力士が巨漢の力士を破れば、拍手喝采だ。柔道や空手でも、小柄な人が大男を投げ飛ばしたり倒したりするのが醍醐味である。巨漢の力士も大男の柔道家や空手家も、勝負にかける情熱や努力は小さい人に劣らない。

むしろ、トレーニングを積み、努力して大きな体を手に入れたのかもしれない。しかし日本人には、そんなことはどうでもよい。大きい者が強くて勝つというのは、当たり前である。一見弱そうな小さいものが本当は強いというのが、日本人の大好きな構図なのだ。

日本人が愛する「強さ」は、体が大きく筋骨隆々で「いかにも強そう」という「強さ」ではない。

小さい体が、技を繰り出し、いかにも強そうな巨大な敵を投げ飛ばすのが、日本人の好きな「強さ」なのである。

判官びいきの語源となった義経も、小柄ながら大男の武蔵坊弁慶をひらりとかわしてやっつけた。また、源平の合戦では、鮮やかな奇策を繰り出しては大

群の平家を退けた。

しかし、それでも義経は、強大な権力を持つ源頼朝の前では無力であった。

そして、悲運の死を遂げるのである。

日本人はそんな「弱者の強さ」を好むのだ。

あるいは、ケガを負った主人公が、そのハンディキャップを乗り越えて勝利する姿に、日本人は感動する。そもそもケガをしてしまうことは、すでに強くないということかもしれないし、自己管理のなさなのかもしれないが、そんなことは関係ない。主人公が、ケガを負うことなく簡単に勝ってしまったのでは興味がない。困難を乗り越える強さこそが日本人の好きな「強さ」なのだ。

このように、日本では、単純な強者の「強さ」ではなく、弱い者がさまざまな苦難を乗り越えて勝利をつかむ複雑な「強さ」に魅了されるのである。

戦国武将はなぜ雑草を家紋にしたのか

雑草を家紋にしている例がある。

　日本五大紋の一つに「かたばみ紋」と呼ばれるものがある。

　かたばみ紋は、ハートを三つ組み合わせたようなデザインで、均整の取れた美しい家紋である。

　このかたばみ紋は、古くから人気の高い家紋で、特に戦国武将が好んで用いた。

　しかし、不思議なことがある。

　かたばみ紋のモチーフとなったカタバミという植物は、わずか数センチの小さな花を咲かせる雑草である。しかもカタバミは、草取りをしても種子をまき散らして増えていくやっかいな雑草である。

　家格を重んじ血縁を大切にした戦国武将にとって、家のシンボルである家紋はとても大切なものである。それなのに、どうして取るに足りない嫌われ者を家紋にしたのだろうか。しかも、その家紋が人気だったというのだから、本当に不思議である。

　戦国武将にとってもっとも大切なのは、戦に勝つことではなく厳しい戦国の世をしぶとく生き抜くことである。そして、家を絶やすことなく存続させるこ

とにある。

カタバミは、小さな雑草ながら、抜かれても抜かれてもしぶとく種を残して広がっていく。戦国武将たちは、そのカタバミに家の存続と子孫繁栄の願いを重ねたのである。

田んぼの雑草であるオモダカも戦国武将に人気の家紋であった。その葉の形が矢じりに似ていることから「勝ち草」と呼ばれていたのである。しかし、米の大切な昔に、田んぼの雑草を縁起が良いとする発想はすごい。

さらには「屋根にぺんぺん草（ナズナ）が生える」とか、「〜が通った後はぺんぺん草も生えない」と馬鹿にされるぺんぺん草さえ、戦国武将に人気の家紋であった。

日本人は、他愛もなく思える小さな雑草に「強さ」を見出していたのである。

紋章に見る、西洋と日本での「強さ」の違い

日本の家紋は植物をモチーフとしたものが多い。

日本人はことさら家を大切にする。そして、家紋はその家のシンボルである。

もっと強そうで立派なモチーフを選んでもよさそうなものである。

ヨーロッパの紋章を見ると、ワシやドラゴン、ライオン、ペガサス、ユニコーンなど、いかにも強そうな生物がモチーフとなっている。また、アメリカ合衆国の国章はハクトウワシだし、イギリスの国章にはライオンとユニコーンが描かれている。

もちろん、西洋でも植物が図案として用いられることはある。ただし、ヨーロッパの王家は気高い花を紋章に使う。たとえば、ルイ王家の紋章はユリの花であるし、フランス王家ではアヤメの花の紋章も用いられる。また、イギリス王家の紋章はバラの花である。

これに対して日本の王族である皇族の紋章は「キク」である。また、二百数十年にわたり将軍家であった徳川家の家紋は「三つ葉葵」である。この三つ葉葵のモチーフは、林の地面に生えるフタバアオイという地味で目立たない植物である。

日本にだってクマやタカなど強そうな生き物はいるし、獅子や虎を使っても

いい。鬼でも龍でも強そうなモチーフはたくさんある。それでも日本人は家紋に小さな植物を用いているのである。

見るからに強そうな生き物ではなく、ひっそりと咲く植物に日本人は強さを見出していた。

「強さ」とは何か、昔の人たちは現代のわれわれよりずっとよくわかっていたのかもしれない。

逆境こそ雑草の生きる道

弱者が強者に勝つ条件

　雑草は弱い植物である。

　弱い植物が強い植物に勝てる条件があるとすれば、それは何だろう。

　たとえば高校野球の試合を考えてみよう。

　強者としては、常に甲子園大会に出場し上位に進出する強豪校、弱者としては、地区で優勝するのも難しい無名校を充ててみよう。読者のみなさんがもし弱小高校のコーチだったとしたら、どのような試合条件を望むだろうか。

舞台は高校球児のあこがれの甲子園、美しい天然芝のグラウンドである。風もなく、空は晴れ渡り、絶好の野球日和である。スタンドの観客は満員だ。こんな恵まれた環境で野球ができたとしたら、高校生にとっては最高だろう。

しかし、である。残念ながら最高の舞台で試合をしたとすれば、弱小校が勝つことは難しい。条件がよい場合には、強豪校が実力を出し切って、実力どおりの結果に終わってしまうだろう。

それでは、条件が悪い場合を考えてみよう。

舞台は石ころだらけ、水たまりだらけの河川敷のグラウンドである。天候は土砂降りで、ボールもよく見えない。風も吹きつけていて、ボールがどこへ流されるかわからない。審判もレベルが低く、誤審を繰り返す。

こんな劣悪な条件で試合をしたいとは誰も思わない。しかし、こういう条件なら、どちらが勝つかわからない。番狂わせが起こるとすれば、えてしてこういうときである。むしろ、弱小校の生徒たちが練習場所に恵まれずに、しばしば石ころだらけ、水たまりだらけのグラウンドで練習を積んでいたとしたら、どうだろう。試合の有利不利は逆になるかもしれない。

いや、強豪校は選手のケガを心配して、不戦敗にしてほしいと自ら言い出すのではないだろうか。

逆境こそ突破口

あえて劣悪な環境を選び、実力差を紛らわせる。時に将棋の対局でそんな戦い方が見られる。将棋では、「紛れを求める」という言い方をする。あえて相手の読みを外すような手を指して、局面を複雑にするのである。もちろん、そのような手が最善手であることはない。しかし、局面が単純化して、お互いが最善手を指し続けたとしたら、どうだろう。

局面の優劣が逆転することはなく、優勢なほうが勝ちを収めることだろう。劣勢なほうは、それではいけない。局面が紛れて複雑化すれば、自分も大変である。しかし、そういう劣悪な状況にこそ逆転の要素が見えてくる。

逆境こそ弱者が望むところである。

弱い植物である雑草の戦略を端的に示すとすれば、「逆境を味方につける」

逆境を味方に変える雑草たち

雑草は逆境を利用して、自らの力に変える特性を持っている。

たとえば、オオバコという雑草がある。オオバコは踏まれる場所に生える雑草である。

しかし、オオバコにとっては踏まれることは、耐えるべきことでも克服すべきことでもない。オオバコの種子は、水に濡れると粘着物質を出して、くっつきやすくなる。そして、靴の裏や車のタイヤにくっついて運ばれていくのである。

タンポポが種子を風に乗せて遠くへ運ぶように、オオバコは踏まれることで種子を遠くへ運ぶ。オオバコは踏まれることを利用して分布を広げていく。踏まれることは、雑草にとってもいやなことである。しかし、オオバコは踏まれなければ困ってしまうというほどに、踏まれることを逆手に取っているのであ

の一言に尽きる。

る。

　草取りをされる場所の雑草は、草取りにより逆に種子をバラバラと落として増える。そして草取りをした後には、土の中に眠っていた雑草の種子が芽を出すのである。雑草にとって草取りはチャンスでもあるのだ。

　草刈りをされる場所の雑草は、草刈りのダメージが少ない低い姿で草刈りをやり過ごす。そして、上へ上へと伸びていた目障りなライバルたちが草刈りで排除された後に、空いている土地へと茎を伸ばしたり種子を散布したりして縄張りを拡大していくのである。

　草刈りに強い雑草にとって、ライバルを蹴落としてくれる人間はずいぶんとありがたい存在だと思っているだろう。

　耕される場所に生える雑草は、耕されることで茎や根がずたずたに切り裂かれる。しかし、細かくなった断片から根が再生し、結果としては数を増やしてしまうのである。

　人間にとっては、まさにやっかいな存在である。

　しかし、逆境を味方に変える雑草の生き方には学ぶべきことも多いだろう。

　雑草にとって逆境は、耐えなければならないものでもないし、克服しなければれ

ばならないものでもない。

ピンチはチャンスの言葉どおり、雑草は逆境を味方につけて自らの力としてしまうのである。

日本には「雑草魂」という言葉がある。

もちろん、昔の人たちがこのような雑草の戦略まで観察していたとは思えない。

しかし、抜いても抜いても生えてくる雑草の生き方に「強さ」を感じていただろう。

日本人もまた、多くの逆境を乗り越えてきた。

梅雨の集中豪雨や台風は、洪水ばかりか土砂崩れも引き起こす。冬になれば日本海側は豪雪となる。火山の噴火や地震もある。

しかし、災害に遭うたびに、日本人は辛抱強く乗り越えて復旧を繰り返してきた。逆境を力に変えて発展を遂げてきたのである。

雑草の「戦わない戦略」

日本タンポポの賢明さ

日本で見られるタンポポは、大きく分けて、昔から日本にある在来の日本タンポポと明治以降に海外から侵入した西洋タンポポの二種類があることが知られている。

日本タンポポの戦略はいかにも日本人的である。日本の四季を知り、季節に合わせて変化するのである。

日本タンポポの戦略を紹介しよう。

日本の季節を知るタンポポは、春に花を咲かせる。一方、日本の季節を知らない西洋タンポポは、春夏秋冬の一年中、花を咲かせる。そして、次から次へと種子を残していくのである。

それでは日本タンポポと西洋タンポポとでは、どちらが有利だろうか。

日本タンポポが春にしか咲かないのには理由がある。夏になれば高温多湿な日本では雑草が生い茂ってしまう。日本タンポポは、弱いとされる雑草の中でも、さらに弱い植物である。草が生い茂った中では光を受けられず生存できないのである。ゆえに日本タンポポは、他の植物が伸びてくる前に花を咲かせ種子を残すのである。そして、夏になると日本タンポポは自ら根だけを残して枯れてしまう。夏に生えてくる雑草との戦いを避けているのである。

一方、西洋タンポポはヨーロッパ原産の植物である。自生地は、放っておいても草地になるような環境である。ゆえに季節を問わず花を咲かせるのである。

しかし、日本ではそうはいかない。夏になれば、他の雑草が生い茂る中で西洋タンポポは花を咲かせようとするが、戦いに敗れて枯れてしまうのである。

日本タンポポの戦略は「戦わない戦略」であると言っていい。生き残る上で

「戦わないこと」はとても大切な戦法なのだ。

強者とは戦わない日本の生き物

競争の厳しい自然界では、負けは「死」を意味する。強い敵とは戦わないことはとても重要である。

タンポポ以外にも、戦わない日本の生物がいる。ミツバチである。

日本のミツバチにも、古くから日本にいる日本ミツバチと、海外からもたらされた西洋ミツバチがいる。

ミツバチの天敵にスズメバチがいる。そのスズメバチの中でも巨大なオオスズメバチは、世界最大のハチとして恐れられている。まともに戦っても勝てる相手ではない。

西洋ミツバチは日本ミツバチよりも体が大きく、攻撃能力が高い。しかし、西洋ミツバチはオオスズメバチとの戦い方を知らないので、正面から力と力の勝負を挑み、巣を全滅させられてしまうのである。

　一方、日本ミツバチの戦い方は巧みである。オオスズメバチは最初、一匹の偵察部隊がやってくる。日本ミツバチは、この偵察のハチを誘い込んで数百匹もの数で包み込み、蒸し殺してしまうのである。

　では、もしオオスズメバチが大挙して押し寄せてきたらどうなるだろう。日本ミツバチは、あろうことか大切な巣を捨てて逃げてしまうのである。

　あまりに情けないような気がするかもしれない。しかし、全滅に追いやられる西洋ミツバチとは違い、巣を捨てて逃げた日本ミツバチは巣を再建できる。

　最後に生き残るのは日本ミツバチなのである。

　日本は自然が豊かな国であり、多くの生き物たちが激しい生存競争を繰り広げている。その日本の自然の中で進化を遂げた日本タンポポや日本ミツバチは「戦わない」という戦略を作り出した。

　それは、まさに強大な自然と戦わなかった日本人の姿を思わせる。

雑草は「変化」を生きる糧とする

「強いものとは戦わない」

強いものとの戦いを避ける日本タンポポや日本ミツバチの戦略は、雑草の戦略にも通じる。雑草は弱い、だから強い植物とは戦わないのである。

これは自然豊かで、ライバルや敵の多い日本の風土の中でこそ磨かれていった戦術であろう。

しかし、ずっと逃げているわけにもいかない。自然界を生き抜くにはどこかで勝負しなければならないのだ。

それでは、どこで勝負をするのか。これが自然界を生き抜くすべての生き物たちにとって、もっとも重要なことである。

雑草は強い植物とは戦わない。

それでは雑草は、いったい何と戦うというのだろうか。

それこそが、日本人にとっても重要なキーワードである「変化」なのである。

雑草にとって「変化」は最大の好機

植物のCSR戦略と雑草の生きる道

植物の成功戦略には、三つの戦略型があると言われている。

この三つの戦略型は「CSR戦略」と呼ばれている。すなわち、Cという戦略、Sという戦略、Rという戦略の三つである。

Cタイプは競合型である。Cとは競争を意味する「Competitive」の頭文字で、このタイプは変化の少ない場所に生育し、他の植物との競争に強い。いわゆる「強い植物」である。

しかし、強い植物だけが成功するかといえば、そうでもないところが自然界の面白いところである。じつは自然界にはCタイプが力を発揮できないような状況も多いのである。

Cタイプが力を発揮できない場所で成功するのがSタイプとRタイプである。

Sタイプは「Stress tolerance」である。これはストレス耐性型と呼ばれている。このタイプは過酷な環境下に生育する植物である。植物にとっての「ストレス」とは、生息に不適な環境である。たとえば水がないという乾燥条件や光が当たらないという条件、気温が低いという寒冷な環境がストレスとなる。

Sタイプは、このストレスにめっぽう強いのである。「じっと我慢」のタイプなのである。

砂漠に生えるサボテンや氷雪に耐える高山植物がSタイプの例である。

そしてRタイプは、「Ruderal」である。Ruderalは「荒地に生きる」という意味だが、日本語では「攪乱耐性型」と呼ばれている。攪乱というのは、「かき乱すこと」をいう。つまりは、予測不能な変化である。Rタイプは、変化の激しい環境に適応しているのである。

何が起こるかわからないという、予測不能な条件のもとであれば、競合型の

Cタイプは体を大きくしたりして競争している余裕などないのだ。Sタイプも

じっとしているだけで、即応の戦略とはなりえない。

もっとも、すべての植物がこの三つのいずれかのタイプに分けられるという

わけではなく、すべての植物がこの三つの要素を持ちながら、それぞれの戦略

を組み立てていると考えられている。

そして、雑草は、この変化に強いRタイプの要素を強く持っているとされて

いるのである。

植物最大の苦境　「攪乱」を活かす

逆境をプラスに変える。それが雑草の基本戦略である。

そして、植物にとって最大の逆境とは、「攪乱」である。

平穏で安定していた植物の生息環境が、ある日突然かき乱される。これが攪

乱である。

自然界であれば、洪水や山火事、土砂崩れなど天変地異が攪乱の一例である。雑草と呼ばれる植物の祖先が生まれたのは、氷河期の終わりごろであると言われている。

氷河によって地面は削られ、氷河が溶ければ洪水が起こる。こうして環境が変化し、他の植物が生えることのできないような不毛の土地が生まれていった。この不毛な土地に生えるように進化した特殊な植物が雑草だったのである。

そして一万年ほど前になると、特殊な進化を遂げた雑草の祖先にとって劇的なチャンスが訪れた。それが人類による農耕の始まりである。

人類は森や原野を切り拓き、村や畑を作った。人類が作った村は、木々が生えない不毛の土地である。また、人類が土を耕すことは、植物にとってはまさに「攪乱」である。人間が農耕によって作り上げた環境は、雑草の祖先に適した特殊な環境だったのである。雑草の祖先は村や田畑を生息地とするようになり、農耕が広がるにつれて生息域を拡大していった。

人類の作り出した環境は、野生の植物にとって決して居心地のよいものではない。しかし、雑草たちはその攪乱をチャンスと捉えて成功していったのであ

雑草の特徴と重なる日本人

「予想不能な変化に強い」。これが雑草の特徴である。

日本人もまた、「変化に強い」特徴を持つ、と私は思う。

一般的なイメージでは、保守的で変化を好まない民族であると言われる。

しかし、これまで見てきたように、日本人は地震や水害など天災のたびに立ち上がり、再起を果たしてきた。また、歴史を見ても、日本人は変化を恐れず、変化を進んで受け入れることによって発展を遂げてきた。

変化を恐れない。むしろ変化を受け入れることによって前進する。これこそが日本人の国民性と言えるのではないだろうか。そしてそれは、まさに雑草の気質そのものなのである。

る。

しなやかな強さで生きていく

水の力を逃す信玄堤

日本の自然は強大である。それに逆らわずに、利用する。これが日本人の自然に対する考え方である。

日本では「力をかわし受け流す」という戦い方を好む。

「柔はよく剛を制し、弱はよく強を制す」という言葉がある。

柔道や合気道では、自分の力で力任せに戦うのではなく、相手の力を利用することが重んじられる。たとえば、相手が前に出てくるのであれば、その力を

利用して引いてみる。非力な者が自分の力を使わずに、相手の力を利用して投げることを最上の勝利とするのである。

このような戦い方は日本人の自然に対する向かい方とよく似ている。日本の豊富な雨量は時に牙（きば）をむき、水害をもたらす。

日本人の暮らしにとって、もっとも脅威となるのは水害である。

水害を治めるには堤防を作るしかない。しかし、強い堤防はそれを上回る水力を防ぐことはできない。そこで用いられたのが「信玄堤（しんげんづつみ）」の別名を持つ霞堤（かすみてい）である。霞堤は、水害から守るために、あろうことか堤防に切れ目を入れるのである。堤防に切れ目を入れて堤防の外に力をかわすことで水の力を弱める。

そして、氾濫した流れを川に戻して逆流させることによって、さらに水の力を弱めていくのである。

それだけではない。堤防の切れ目から水を田畑に入れることで山から流れ出た養分を取り入れ、肥沃な土壌を作り上げた。

まさに強大な川の流れを受け流し、さらにはその力を利用して、農業にも役立ててきたのである。

ヨシ（葦）の強さこそ日本人の強さ

『ファーブル植物記』（日高敏隆・林瑞枝訳、平凡社）に、雑草のヨシ（葦）と、大きなカシの木の会話が登場する。ヨシは突風に倒れそうになったカシの木にこう語りかける。

「私はあなたほど風が怖くない。折れないように身をかがめるからね」

「柳に風」という言葉がある。カシのような大木は頑強だが、強風に耐えられずに折れてしまう。一方、細くて弱そうに見えるヨシは風になびいて折れることはない。

外からの力をかわすことは、強情に力比べをするよりもずっと強いのである。

パスカルは、「人間は弱い葦（あし）である。しかし、人間は考える葦である」と言った。ヨシ（葦）は弱いものの象徴である。しかし、このヨシの強さこそが日本人の強さではないだろうか。

雑草の強さもまた、まさにこの「しなやかな強さ」にある。

雑草は強いものとは戦わない。しかし、厳しい環境を受け流してたくましく生き残る。

まさに「柔よく剛を制す」の言葉どおりである。しなやかで弱そうに見えるものが、硬いものよりも強い。

これは日本人の好きな勝ち方である。そして、この強さこそが日本人そのものの強さである。

これまで紹介したように、日本人は強大な自然の力に逆らわず、その力を利用してきた。

海外の人たちから、日本人は「捉えようがない」「何を考えているかわからない」と揶揄される。「積極性がなく受け身である」とも陰口を叩かれる。

しかし本質を言えば、日本人は自ら仕掛けるのではなく、相手の力を受け流し、利用しているのである。

日本人の強さは、まさにこの「やわらかさ」や「しなやかな強さ」にあると私は思うのである。

日本人の卓越した受容・活用能力

「相手の力を利用する」のが日本人の戦い方の真髄である。その上で「自在に変化できる」ことが日本人の強みである。

日本人は、新しいものを創り出す能力には欠けると言われる。しかし、オリジナルのものをアレンジしてよりよいものを創り出すという応用力に優れている。

これまで見てきた、豊かな自然の中で日本人が歩んできた歴史を復習してみることにしよう。

砂漠のような水が少ないところでは、荒れ地を耕し、水を引いて、ゼロから何かを作り出す。

しかし、日本のように雨が多く降り、水が豊富なところでは、いかに水の流れに逆らわずに制御するかが重要となる。もしかすると日本人の応用力も、日本の豊かな自然の中で育まれていったのかもしれない。

強大な力は自然だけではない。自然の力を利用し続けてきた日本人は、海外からやってくる強大なものを逆らうことなく取り入れた。そして、よりよいものに高めていった。

確かにオリジナルではないかもしれない。確かに受け身であるかもしれない。

しかし、思えば日本の文化はそうやって作られてきた。

日本人の主食であるイネは熱帯原産の作物である。大陸の異文化の作物である。しかし、日本人は熱帯の稲作の技術と文化を受け入れて、四季のある日本の風土に取り入れていった。いまや稲作は日本の食や日本の文化の根本をなすものとなっている。

仏教もまた海外からやってきたものである。日本人は奈良時代に異国の宗教である仏教を取り入れた。「すべてのものに仏性がある」「すべての物事は変化し続ける」。この仏教の教えは、まさに日本人の思考の基本をなしている。

明治維新では、真逆にある西洋の文化を取り入れた。その急激な近代化は欧米列国を驚かせたほどだ。しかも制度や技術など表層的な部分だけではなく、文化や風俗まで難なく受け入れた。

また、第二次大戦後は敵国であったはずのアメリカの文化を抵抗なく受け入れ、急速に復興を果たした。

すごいのは、西洋の技術だけでなく文化や考え方まで受け入れていることだ。節操がないと指摘する人もいるかもしれない。

しかし、何という適応能力、何という柔軟性だろう。これこそが日本人の「しなやかな強さ」なのである。

外圧に逆らわないという強さ

日本人は、強い力には逆らわず、なびいてしまう傾向がある。

たとえば、国際関係では常に「外圧」と呼ばれる力に逆らえずにきた。強い力に逆らわない日本人の特徴は、時に不利に働いてしまうこともある。

たとえば、オリンピックなどのスポーツの世界でも、西洋の国々はルールを変更したり、新しいルールを作ったりしようとするが、日本はそれがどんなに不利な条件であっても、何とか受け入れる。日本人は、どちらかというと受け

身なのだ。

国際的な関係では、それは「日本人の弱さ」であると言われてしまうかもしれない。しかし、一面ではそれもまた日本人の強さであると私は思う。

外圧の中でも日本人は経済を発展させてきたし、スポーツのルールが変更されても日本人はそのルールに対応して成績を残してきたのだ。

日本人の変化に対応できる強さは、まさに雑草と同じである。

日本人が培ってきた「あきらめる心」と「あきらめない心」

「変えられないものは受け入れる」

これが植物の生き方である。

変えられないものというのは、環境である。環境は変えることができない。特に植物は動くことができないから、そこに根を下ろしてしまったら、そこで生きていくしかないのだ。

「受け入れる」というよりも、「受け入れるしかない」のだ。

常に大いなる自然の脅威にさらされてきた日本人の生き方も、まさにこれに似ている。

ある農家の方が、「農業には、あきらめる心とあきらめない心が必要だ」とおっしゃっていた。

農業は自然の影響を受けやすい。雨が降らないと干ばつになるし、雨が多すぎると水害や湿害（農作物が土壌水分過多のために受ける被害）が起こる。気温が低くても作物は育たないし、気温が高ければ害虫が大発生する。農業は、自然の恵みと自然の脅威の狭間にある営みなのである。

被害を受ければ、収量がまったくないこともある。それでも人は自然には逆らうことができない。災害によって田畑がダメになってしまうこともある。あきらめるしかないのである。

しかし、それでも祖先たちは種を蒔き、苗を植えることをやめなかった、とその農家の人は言う。そうして農業は時代を超え、世代をつないで続けられてきた、だから自分たちは何があってもあきらめない、とその農家の方は言うのだ。

雑草は「変えられるものを変える」

「変えられないものは受け入れるしかない」

これが植物の生き方である。しかし、常に変化し続ける環境を生き抜く雑草

自然には逆らえないとあきらめる心と、それでも愚直に農業を続けるあきらめない心、これこそが日本人が自然と向き合う中で培ってきたものだろう。

大地震もあった。津波もあった。冷害もあった。水害もあった。

長い歴史の中で、私たち日本人は何度も打ちのめされてきた。しかし、そのたびにそのすべてを受け入れ、乗り越え、発展してきた。

まさに、「あきらめる心とあきらめない心」である。

自然には勝つことはできない。しかし、絶対に負けないのである。

戦後の日本は、何もない焼け野原から世界が驚くような奇跡の復興を遂げた。

これも、何度も大災害を乗り越えてきた日本人だからこそ成し遂げられたことなのかもしれない。

にはこの続きの哲学がある。

「変えられないものは受け入れる。そして、変えられるものを変える」

環境が変えられないとすれば、変えられるものを変えるしかない。

変えられるものとは何か、それは雑草自身である。だから雑草は環境に合わせて自在に変化するのである。

植物が変化する力のことを「可塑性」という。

植物は動物に比べると可塑性が大きい。人間の大人であれば、大きい人と小さい人が倍以上、背丈が違うということは通常はない。しかし、植物は同じ種類でも、大木になったり小さな盆栽になったりする。そんな可塑性が大きい植物の中でも、特に雑草は可塑性が大きいと言われている。

雑草が暮らすのは、予測不能な変化が起こる環境である。何が起こるかわからないから、何が起こっても柔軟に変化する。あるときは巨大に成長したり、あるときは道路のすきまで小さいまま花を咲かせる。縦に伸びたり横に伸びたり、まさに自由自在に変化するのである。

変化していくために「不変の核」を持つ

雑草は環境に合わせて自在に変化する。

この変化をするために大切なことは何だろうか。

それは「変化しないこと」だと私は思う。

植物にとってもっとも大切なのは、花を咲かせて種子を残すことである。雑草は、この種子をつけるということは、変化させない。

たとえば、老舗と言われる和菓子店は、時代に応じて少しずつ味を変えていく。変わらない理念があるから、それを表現するために味を変えることができるのである。

守るべきは味ではなく理念である。同じ味を頑なに守っていくだけでは、時代を超えて愛され続けることはできないだろう。

変化しない核があれば、核の周りの形は変化させることができる。核の周りの形を変化させずに守ろうとすれば、少しでも形が壊れたときに大切なものを

失ってしまう。それは雑草も人間も同じである。

エピローグ

「大きな力に逆らわず、しなやかに受け流す。そして、その逆境を力に変える」

これが雑草の戦略である。

その姿は、大きな変化を乗り越えてきた日本人をまさに連想させる。

しかし、雑草と日本人を比べたときに、日本人が雑草に負けているところがある。

「雑草魂」という言葉を聞いたとき、日本人は踏まれても踏まれても立ち上がる姿を思い浮かべる。

ところが、じつはこれは誤りである。雑草は何度も踏まれると立ち上がってこない。雑草は、踏まれたら立ち上がらないのである。

雑草魂というには、あまりにも情けないと思うかもしれない。

しかし、私はそうは思わない。雑草にとって大切なのは、花を咲かせて種子を残すことである。そうであるならば、踏まれても踏まれても立ち上がるという無駄なことにエネルギーを使うよりも、踏まれながら花を咲かせるほうがよいし、踏まれながら種子を残すほうが合理的である。そのため雑草は踏まれたら立ち上がらないのである。

「踏まれても踏まれても花を咲かせ、実を結ぶ」これが雑草の生き方である。

種子さえ残すことができれば、後のことは何のこだわりもない。別に縦に伸びたり、自由自在に変化する。

日本人はしなやかな強さで、柔軟に変化することができる。

それでは今、私たち日本人にとって「変えてはいけない大切なもの」とは何なのだろうか。

雑草を愛する日本人は、雑草たちからそう問われているような気がしてならない。

＊本書は、二〇一七年にエイアンドエフより刊行された『雑草が教えてくれた日本文化史　したたかな民族性の由来』を改題し、加筆修正のうえ文庫化したものです。

草思社文庫

雑草と日本人

植物・農・自然から見た日本文化

2024年4月8日　第1刷発行

著　　者　稲垣栄洋

発 行 者　碇　高明

発 行 所　株式会社 草思社

〒160-0022　東京都新宿区新宿1‐10‐1

電話　03(4580)7680(編集)

　　　　03(4580)7676(営業)

　　　　https://www.soshisha.com/

本文組版　浅妻健司

印 刷 所　中央精版印刷 株式会社

製 本 所　中央精版印刷 株式会社

本体表紙デザイン　間村俊一

2024©Hidehiro Inagaki

ISBN978-4-7942-2717-1　Printed in Japan

こちらのフォームからお寄せください。
ご意見・ご感想は、
https://bit.ly/sss-kanso